D1686661

IMMOBILIEN FachVerlag

Mieterprovision trotz Bestellerprinzip?

Helge Ziegler · Dr. Ralf Stark

Mieterprovision trotz Bestellerprinzip?

Vom Problem zur Lösung

Impressum:
Bibliografische Information der Deutschen Nationalbibliothek:
Die Deutsche Nationalbibliothek verzeichnet diese Publikation in der Deutschen Nationalbibliografie; detaillierte bibliografische Daten sind im Internet über http://dnb.dnb.de abrufbar.

Verlag
Der ImmobilienFachVerlag ist ein Unternehmensbereich der
ImmobiliA GmbH
Geschäftsführer: Helge Ziegler
Sitz der Gesellschaft: 97753 Karlstadt, Gartenstr. 5
Telefon: +49 (9353) 9769052
E-Mail: info@immobilia-online.com
Postanschrift ImmobilienFachVerlag:
97839 Esselbach, Johann-Kern-Str. 12
Telefon: +49 (9353) 9768785
E-Mail: info@immobilienfachverlag.de
Internet: www.immobilienfachverlag.de
Registergericht: Würzburg
Registernummer: HRB 9145

Umschlaggestaltung
Ufw! WerbeAgentur, www.wa-ufw.com

Die Autoren:
Helge Ziegler
Dipl. Wirtschaftsjurist (FH), Dipl. Immobilienwirt (DIA)

Dr. Ralf Stark
Fachanwalt für Miet-und Wohnungseigentumsrecht

3. Auflage

© 2017

Alle Rechte vorbehalten

ISBN: 978-3-9819046-1-1

Bildrechte Fotolia:
Bild-Nr. 141434666, Name: Successful happy businessman raises his arms up celebrating his victory, Urheber: yurolaitsalbert
Bild Nr. 16949791, Name: paragraph, Urheber: Fineas - Fotolia
Bild Nr. 145740409, Name: gesetz; justitia; Urheber: rcfotostock - Fotolia
Bild Nr. 29938386, Name: Haken, Urheber: beermedia
Bild Nr. 71788144, Name: Ausrufezeichen, Urheber: M. Schuppich
Bild Nr. 19373847, Name: Hürde rot Pfeil Erfolg hurdle red arrow success, Urheber: arahan
Bild Nr. 25318091, Name: karriere, innovation, erfolg, Urheber: image-team - Fotolia

Bildrechte *„Makler weg"*:
„Der Spiegel"

Bildrechte *„EinDollarBrille"*:
Martin Aufmuth

Rechtlicher Hinweis

Das Werk inklusive aller seiner Inhalte und Teile ist urheberrechtlich geschützt. Jede Verwertung, die nicht ausdrücklich vom Urheberrechtgesetz zugelassen ist, bedarf der vorherigen Zustimmung des Verlages. Dies gilt insbesondere für Vervielfältigungen, Bearbeitungen, Übersetzungen, Mikroverfilmungen und die Einspeicherung und Verarbeitung in elektronischen Systemen.

Die Wiedergabe von Gebrauchsnamen, Handelsnamen, Warenbezeichnungen usw. in diesem Werk berechtigt auch ohne besondere Kennzeichnung nicht zur Annahme, dass solche Namen im Sinne der Warenzeichen- und Markenschutz-Gesetzgebung als frei zu betrachten wären und daher von jedermann benutzt werden dürfen.

Der Verlag, die Autoren und die Herausgeber dieses Werkes gehen davon aus, dass die Angaben und Informationen in diesem Werk zum Zeitpunkt der Veröffentlichung vollständig und korrekt sind. Weder der Verlag, noch die Autoren und/oder die Herausgeber übernehmen, ausdrücklich oder implizit, Gewähr oder Haftung für den Inhalt, etwaige Fehler oder Äußerungen.

Das Werk kann nicht als ein Ersatz für eine rechtliche Beratung gesehen werden. Es empfiehlt sich daher, im konkreten Einzelfall juristischen Rat einzuholen.

Inhaltsverzeichnis

1	**Einleitung** **15**
1.1	Vorwort... 15
1.2	Die Motivation der Autoren.. 18
1.3	Die politische Intension der Autoren 20
1.4	Terminologie.. 21
1.5	Webseite zum Buch 22
1.6	An die Leserinnen dieses Buches 22

2	**Die politische Situation bis zur Einführung des Bestellerprinzips** **23**
2.1	Die Entwicklung des Mietrechts.................................... 23
2.2	Schon 1973 begann das *„Makler-Bashing"* 24
2.3	Die Politik ließ den unqualifizierten Zugang zum Maklerberuf zu 27
2.4	Die politischen Versäumnisse wurde den Marktteilnehmern angelastet 28
2.5	Die Fortsetzung des SPD-Beschlusses erfolgte in 2010 .. 30
2.6	Ein Bundesjustizminister will sein Image aufpolieren 31
2.7	Die SPD wittert nach fast 40 Jahren ihre Chance 32
2.8	Die Unionsparteien lassen die Makler über die Klinge springen 34
2.9	Vom Referentenentwurf zum Gesetz 38
2.10	Das alles entscheidende Wörtchen *„ausschließlich"*...... 39
2.11	Makler klagen stellvertretend für tausend andere – und scheitern 40

3	**Die neuen gesetzlichen Bestimmungen des Bestellerprinzips** **43**
3.1	Definition *„Wohnraum"* 43
3.2	Definition *„Wohnungsvermittler"* 44
3.3	Die Textform 45
3.4	Der Suchauftrag des Wohnungssuchenden 47

3.5	Die Ausschließlichkeit 48
3.6	Die Erteilung der Vermieterzustimmung 48
3.7	Die Maklervergütung 50
3.8	Die Vereinbarung einer Auslagenerstattung 52
3.9	Die Vertragsstrafe bei Nichterfüllung von vertraglichen Verpflichtungen 53
3.10	Das Verbot von Umgehungsvereinbarungen 53
3.11	Rückforderungsanspruch bei unzulässigen Provisionszahlungen 54
3.12	Zusammenfassung der neuen gesetzlichen Bestimmungen 54

4 Die Nachteile des Bestellerprinzips für Mieter, Vermieter und Makler 57

4.1	Auch Mieter werden vielfach durch das Bestellerprinzip schlechter gestellt 57
4.2	Das Bestellerprinzip benachteiligt auch Vermieter 64
4.3	Das Bestellerprinzip vernichtet Maklerexistenzen 69
4.4	Der Makler als Kaufmann in der Wohnungswirtschaft ... 72
4.5	Die Irreführung der Bürger mit der Aussage *„Wer bestellt, der bezahlt!"* 73
4.6	Die falsche Wahrnehmung der Maklerleistung und seiner Honorierung 75

5 Mieterprovision trotz Bestellerprinzip - Vom Problem zur Lösung 77

5.1	Das Problem 77
5.2	Die Lösung 79
	5.2.1 Die Akquise von rechtssicheren Suchaufträgen . 79
	5.2.2 Das Bearbeiten von Suchaufträgen 81
	5.2.3 Vom Suchauftrag zum Objekt 83
	5.2.4 Die Marktrecherche unter Zuhilfenahme eines Service-Providers 85
	5.2.5 Bezug und Einführung in die Software 86

	5.2.6	Vom gefundenen Objekt zur Vermieterzustimmung 87
	5.2.7	Die gefundenen Wohnungen werden dem Interessenten angeboten 88
	5.2.8	Was ist, wenn die Wohnung „*verbrannt*" ist?.... 88
5.3	Fallkonstellationen... 90
	Fall 1: Der Bundestagsabgeordnete Hans Pauli............... 91
	Fall 2: Die „*verbrannten*" Wohnungen 92
	Fall 3: Die doppelte Versetzung 94
	Fall 4: Eine Automobilfirma sucht eine Wohnung........... 96
	Fall 5: Der Ingenieur aus den USA 97
	Fall 6: Der aktive Vermieter 97
	Fall 7: Ein Nachmieter wird gesucht............................... 98
5.4	In 14 Schritten zum Erfolg... 100
5.5	Fachjuristen bestätigen: Der neue Lösungsweg ist rechtssicher 102
5.6	Die Gesetzeskonformität wurde schon wiederholt gerichtlich bestätigt 105
5.7	Die Widerrufsbelehrung 106
5.8	Exkurs: Bestellerprinzip beim Kauf................................ 107

6 Anhang 109
6.1	Die juristischen Bestätigungen...................................... 109
6.2	Die Autoren... 117
6.3	Verwendete Literatur 118
6.4	Die Maklerverbände 119
6.5	Das „*Gesetz zur Regelung der Wohnungsvermittlung (WoVermRG)*" 123
6.6	Vorstellung ausgewählter Bücher 130

EPILOG 137

„Wenn ein Gesetz

nicht mehr

mit der Realität übereinstimmt,

muss man die Realität ändern!"

Dr. Gerhard Kocher

(Schweizer Politologe, Gesundheitsökonom, Aphoristiker)

1 Einleitung

1.1 Vorwort

Die Autoren lassen den Leser an ihrer tiefgreifenden Auseinandersetzung mit dem zum 01.06.2015 in Kraft getretenen *„Gesetz zur Dämpfung des Mietanstiegs auf angespannten Wohnungsmärkten und zur Stärkung des Bestellerprinzips bei der Wohnungsvermittlung (Mietrechtsnovellierungsgesetz – MietNovG)"* vom 21.04.2015 und insbesondere mit dessen Artikel 3 *„Änderung des Gesetzes zur Regelung der Wohnungsvermittlung"* teilhaben.

Weitere Grundlagen für die Analyse des Bestellerprinzips und dem Aufzeigen eines Lösungsweges waren

- der Koalitionsvertrag von CDU/CSU und SPD vom 27.11.2013,
- der Referentenentwurf zum MietNovG vom 18.03.2014,
- der Antrag auf Erlass einer einstweiligen Anordnung (Eilantrag) des Rechtsanwalts Dr. Lipinski, Heidelberg beim Bundesverfassungsgericht in Karlsruhe und dessen Ablehnung vom 13.05.2015 (1 BvQ 9/15)
- die Verfassungsbeschwerde des Rechtsanwalts Dr. Lipinski, Heidelberg vom 30.04.2015 beim Bundesverfassungsgericht in Karlsruhe und deren Verwerfung vom 29.06.2015 (1 BvR 1015/15)

Einleitung

- die Verfassungsbeschwerde der Rechtsanwälte Rödl & Partner, Nürnberg beim Bundesverfassungsgericht in Karlsruhe vom 14.10.2015
- die Menschenrechtsbeschwerde des Rechtsanwalts Dr. Lipinski vom 16.01.2016 beim Europäischen Gerichtshof für Menschenrechte in Straßburg und deren Zurückweisung vom 02.06.2016 (Beschwerde Nr. 4749/16)
- das Gutachten *„Zur verfassungsrechtlichen Beurteilung des Bestellerprinzips im Wohnungsvermittlungsrecht"* von Prof. Dr. Friedhelm Hufen, Professor für öffentliches Recht – Staats- und Verwaltungsrecht an der Universität Mainz vom 30.05.2015 sowie
- der Aufsatz des ehemaligen BGH-Richters Dr. Detlev Fischer in der NJW 22/2015 ab Seite 1560.

Eigentlich müsste beim Bestellerprinzip von einem *„unechten"* Bestellerprinzip gesprochen werden. Warum, wird ausführlich im Kapitel *„Die Irreführung der Bürger mit der Aussage ‚Wer bestellt, der bezahlt!'"* anhand des BGH-Urteils vom 03.05.2012 erläutert. Um jedoch den Lesefluss nicht zu hemmen ist nachfolgend dennoch nur vom *„Bestellerprinzip"* die Rede.

Infolge ihrer intensiven Beschäftigung mit dem Bestellerprinzip stießen die Autoren auf einen Lösungsweg, mit dessen Anwendung es

1. Mietern heute wieder möglich ist, die hilfreichen Dienstleistungen eines Maklers bei der Wohnungsvermittlung gegen Honorar in Anspruch zu nehmen,

2. Vermietern möglich ist, die ohnehin hohen Kosten eines Wohnungswechsels zu reduzieren und

Maklern wieder möglich ist, für ihre Dienstleistung bei der Wohnungsvermittlung vom Wohnungssuchenden ein Honorar zu erhalten.

Der in diesem Buch aufgezeigte Lösungsweg wird unter Beachtung der gesetzlichen Bestimmungen des Bestellerprinzips aufgezeigt, wurde juristisch geprüft und wiederholt gerichtlich bestätigt.

Ferner gehen die Autoren darauf ein, wie es zu dem von der großen Koalition so brachial durchgedrückten Bestellerprinzip kam, wie sich die eigentlich den Vermietern und Maklern so nahestehenden Unions-Parteien verhielten (die FDP konnte mangels Präsenz im Bundesparlament nicht mehr korrigierend einwirken), wie die Verbände leider erfolglos intervenierten, wie einzelne Makler vor den Gerichten scheiterten und welche Nachteile das Bestellerprinzip sowohl für Mieter, Vermieter als auch Makler hat - wenn Sie den hier geschilderten Lösungsweg nicht kennen.

Mit diesem Buch werden diejenigen Makler angesprochen, die sich künftig wieder oder wieder vermehrt der Wohnungsvermittlung zuwenden wollen. Diese dürfte das Kapitel *„Die Mieterprovision trotz Bestellerprinzip - Vom Problem zur Lösung"* besonders interessieren. Hier schildern die Autoren, welche Gestaltungsfreiheiten das Bestellerprinzip entgegen allen Veröffentlichungen doch noch bietet und wie diese genutzt werden können. In einzelnen Schritten wird eine lösungsorientierte Vorgehensweise aufgezeigt, welche Unterlagen und Werkzeuge benötigt werden und wo man diese erhält. Wer das Kapitel gelesen hat wundert sich, wie leicht die Umsetzung des Lösungsweges ist.

1.2 Die Motivation der Autoren

Mancher mag sich fragen, warum die Autoren, nahezu zwei Jahre nach Einführung des Bestellerprinzips, dieses Buch herausgeben und einen rechtskonformen Lösungsvorschlag unterbreiten. Es sind im Wesentlichen drei Gründe: Durch das Bestellerprinzip werden sowohl

- Mieter,
- Vermieter und
- Wohnungsvermittler

erheblich benachteiligt.

Die von ihnen hinzunehmenden Einschränkungen erfolgen aus rein parteipopulistischen Gründen zulasten der

Genannten, die am wenigsten für die Missstände der Politik, insbesondere der verfehlten Wohnungsbaupolitik und dem damit einhergehenden angespannten Mietwohnungsmarkt, verantwortlich sind.

Ein weiterer Grund ist, dass insbesondere Vermieter und Makler von den Unionsparteien im Stich gelassen wurden. Von den Sozialdemokraten, Bündnis90/Die Grünen und Die Linke konnte man sowieso nichts Anderes erwarten, die Freidemokraten waren nicht mehr im Parlament vertreten.

Zudem haben die Medien mit ungeheurer Wucht auf die Berufsgruppe der Makler eingedroschen und übersahen dabei, dass weniger als die Hälfte der Mietwohnungen von Maklern vermittelt wurden, diese auch gute Leistungen für die Mietsuchenden erbrachten und es überhaupt keinen Zwang gab, sich eine Wohnung von einem Makler vermitteln zu lassen.

Gerade in den so gerne als Paradebeispiel genannten Hotspots Berlin, Hamburg oder München wurde gerne auf Makler wegen deren Kenntnisse und Erfahrungen zurückgegriffen. Die in diesen nachgefragten Wohngebieten ohnehin teuren Wohnungen kommen für einkommensschwache Personen trotz Bestellerprinzip nicht in Frage. Eine kleine Anmerkung am Rande: Auch die Mietpreisbremse wird das nicht ändern. Im Gegenteil: Nur Einkommensstarke werden begünstigt, weil die Mieten für diese Wohnungen, die sich einkommensschwache trotz

Mietpreisbremse nicht leisten können, gedeckelt sind. Die Leidtragenden sind die Vermieter, die es ohnehin nicht leicht haben, worauf in Kapitel 4 eingegangen wird.

Die Autoren wollen, dass die seriöse und qualifizierte Wohnungsvermittlung durch Makler sowohl von Wohnungssuchenden als auch von Vermietern wieder in Anspruch genommen werden kann.

1.3 Die politische Intension der Autoren

Wie im Kapitel *„Die politische Situation bis zur Einführung des Bestellerprinzips"* anschaulich geschildert wird, haben die Parteien der großen Koalition, die CDU, die CSU und die SPD die Interessen der Vermieter und der Immobilienmakler rundweg missachtet. Am 24. September 2017 wird ein neuer Bundestag gewählt. Man kann es sich aus Sicht der Vermieter und Makler gar nicht nachteilig genug vorstellen, wenn es entweder erneut zu einer großen Koalition oder gar zu einer Regierung aus SPD, Bündnis90/Die Grünen und Die Linke kommen sollte.

So gesehen ist dieses Buch auch ein politisches. Es sollte jedem Vermieter, dem seine Immobilien lieb und wert sind und jedem Immobilienmakler, der seinen Beruf liebt, daran gelegen sein, von seinem Wahlkreiskandidaten zu erfahren, wie er persönlich zum Bestellerprinzip steht. So kann er gut abwägen, welche Partei am ehesten seine Interessen vertritt und welcher er dieses Mal seine Stimme gibt.

Zu bedenken ist zudem, dass die mit dem MietNovG erfolgten Änderungen nach spätestens fünf Jahren einer Evaluierung zu unterziehen sind. Das wäre bis zum Jahr 2020 und fällt somit in die Legislaturperiode der Regierung nach der Wahl vom 24.09.2017. Je intensiver also Vermieter, Immobilienmakler und Verbände die Bundestagsabgeordneten über die Fehlwirkungen dieses Gesetzes, zum Beispiel durch Überreichung dieses Buches oder Auszüge davon, informieren, umso eher besteht die Aussicht auf eine Änderung. Die Autoren stellen dazu gerne das Kapitel *„Die Nachteile des Bestellerprinzips für Mieter, Vermieter und Makler"* als PDF zur Verfügung. Wenden Sie sich dazu bitte an den Verlag unter info@immobilienfachverlag.de.

Auch wenn in den letzten Abschnitten mehr auf die Interessen der Vermieter und Makler eingegangen wurde: Auch Wohnungssuchende erleiden durch das Bestellerprinzip erhebliche Nachteile. Mehr dazu erfahren Sie im Kapitel *„Die Nachteile des Bestellerprinzips für Mieter, Vermieter und Makler"*.

1.4 Terminologie

Wird im Folgenden vom Wohnungsvermittler, Wohnungsmakler, Immobilienmakler oder Makler gesprochen, so ist stets derjenige gemeint, der im Sinne des Wohnungsvermittlungsgesetzes (WoVermittG) Mietverträge zwischen einem Vermieter und einem Mieter vermittelt oder die Gelegenheit zum Abschluss eines Mietvertrages nachweist.

1.5 Webseite zum Buch

Weitere Informationen erhalten Sie auf der Webseite *www.mieterprovision.info*

1.6 An die Leserinnen dieses Buches

An Sie, liebe Leserinnen, ergeht die Bitte um Verständnis, dass lediglich aus Vereinfachungsgründen und der besseren Lesbarkeit wegen nur die männliche Form gewählt wurde.

2 Die politische Situation bis zur Einführung des Bestellerprinzips

2.1 Die Entwicklung des Mietrechts

Wohnen ist ohne Zweifel wie essen, trinken und schlafen ein Grundbedürfnis. Deshalb ist es auch Aufgabe unserer Politiker, für Gesetze zu sorgen, die die zuweilen gegensätzlichen Interessen von Vermietern und Mietern in eine ausgewogene Balance bringen. Doch die Politik versagt seit Jahrzehnten. Außer den erheblichen Verschärfungen des Mietrechts zu Lasten der Vermieter ist ihnen nichts eingefallen. Auffällig ist, dass bei diesen einschneidenden Gesetzen meist SPD-Politiker das Bundesjustizministerium leiteten. In 2001 war es Herta Däubler-Gmelin (Stichwort: Schuldrechtsreform), ab 2013 Heiko Maas (Stichwort: MietNovG).

Das Desinteresse der Politik, ausgewogene Mietgesetze zu erarbeiten und das seit über 100 Jahren nahezu unverändert im BGB normierte Maklerrecht zu novellieren führte dazu, dass das Füllen der in der Zwischenzeit entstandenen Lücken der Rechtsprechung überlassen blieb. Die Urteile sind bekannt: Sie fielen in den meisten Fällen zu Ungunsten der Vermieter und Makler aus.

Dies ist nicht verwunderlich, sind doch einige der Richter gesinnungsmäßig den 68gern zuzuordnen, denen eine kritische Haltung gegenüber Kapital, Vermögen und damit auch Immobilien nicht fremd ist. Man denke beispielweise nur an die jahrelange, aus Sicht der Vermieter immer restriktiver gewordene Rechtsprechung zu den Schönheitsreparaturen oder an das Urteil den Düsseldorfer Raucher betreffend.

2.2 Schon 1973 begann das „Makler-Bashing"

Man könnte meinen, die im Besonderen von der SPD forcierte Einführung des Bestellerprinzips trifft die Gilde der Wohnungsvermittler überraschend und unvorbereitet.

Dabei begann alles schon 1973. In jenem Jahr hielten die Sozialdemokraten vom 10.04. bis 14.04. ihren 15. ordentlichen Bundesparteitag in Hannover ab. Das Titelbild des am 23.04.1973 erschienen „Der Spiegel" lautete: „Die SPD fordert: Makler weg!"

Hier einige Auszüge aus dem damaligen Spiegel-Artikel:

Der Alptraum von Knechtschaft und dem Ende der Menschenwürde allgemein überkam Westdeutschlands Immobilienmakler, als der SPD-Parteitag beinahe schon zu Ende war und der Antrag 296 aufgerufen wurde: *"Die Ausübung des Gewerbes zur Vermittlung von Grundstü-*

cken und Wohnungen ist gesetzlich zu unterbinden. Eine öffentliche Vermittlungsstelle ist einzurichten."

Vergebens mahnte Wohnungsbauminister Hans-Jochen Vogel: *"Die Probleme unseres Bodenrechts werden nicht dadurch aus der Welt geschafft, dass man den Beruf des Maklers abschafft. Das ist nicht der Stoß in die Mitte des Problems."*

Was niemand erwartet hatte, traf ein. Die Parteilinke, die bis dahin ohne großen Sacherfolg blieb, brachte den Antrag mit mehr als einer Zweidrittel-Mehrheit durch. Die Emotionen hatten Parteilinke und -rechte geeint. (Anm.: Wer sich mit dem Szenario von Parteitagen auskennt weiß, dass man sich die Anträge, für die eigentlich keine Mehrheit zu erwarten ist, bis zum Schluss eines Parteitages aufhebt. Dadurch stellt man sicher, dass die am Antrag Desinteressierten schon längst nicht mehr da sind, während die Befürworter eisern zusammenhalten und diszipliniert anwesend bleiben. So könnte es auch hier gewesen sein, denn beispielsweise war der damalige SPD-Parteivorsitzende Willy Brandt schon nicht mehr anwesend.)

Hier weitere Zitate aus *"Der Spiegel"* vom 24.03.1973:

- Mit ihrem Beschluss wollten die Sozialdemokraten eine ganze Branche treffen. In der Begründung des Antrages hieß es apodiktisch: *"Die bisherigen gesetzlichen Regelungen haben bewiesen, dass die Spekulationen auf dem Grundstücks- und Woh-*

nungsmarkt weitergehen. Schuld daran ist das Maklerunwesen auf diesem Sektor."

- Der fränkische Delegierte Werner Hillecke brachte die Stimmung auf den Nenner: *„Es sei volkswirtschaftlich besser, öffentliche Mittel für die Wohnungsvergabe bereitzustellen als einzelne auf Kosten der Allgemeinheit Millionen verdienen zu lassen."*

- Diese Aussage toppte der mittelrheinische Delegierte Wilhelm Vollmann mit der Aussage, "*dass es wohl kaum einen parasitäreren Bereich in unserer Gesellschaft gibt als gerade diesen.*" Er meinte damit die Immobilienmakler.

- Das damalige SPD-Vorstandsmitglied Georg Leber erklärte, die Makler seien jenen Berufsgruppen zuzurechnen, *„denen Christus im Tempel die Tische umgestoßen hat"*.

Den damaligen Verbänden RDM und VDM darf man zugutehalten, dass sie sich mit aller Kraft gegen diese Beschlüsse stemmten:

- So sagte Rudolf Bierz, Seniorchef der Hamburger Immobilienmaklerfirma Beyer: *„Das ist ein weiterer Schritt auf dem Weg zum Kommunismus"*.

- Der Frankfurter Immobilienmakler Hans-Joachim Blumenauer, Ehrenpräsident des Verbands Deutscher Makler (VDM) sagte: *"Ich habe früher Steine gekloppt und werde jetzt beschimpft".*

- Bei RDM-Präsident Horst Angermann, selbst SPD-Mitglied *"schlug das ein wie eine Wasserstoffbombe. Wenn der Beschluss verwirklicht werden würde, gehört dieses Land nicht mehr zur westlichen Welt."*

- RDM-Ehrenpräsident Carl C. Franzen aus Hamburg registrierte *"mit Erstaunen und Empörung"* und sah einen Anschlag *"auf die im Grundgesetz garantierte Freiheit der deutschen Menschen."*

Es half alles nichts – die SPD fasste den Beschluss *"Makler weg!"*

2.3 Die Politik ließ den unqualifizierten Zugang zum Maklerberuf zu

In der Öffentlichkeit werden Makler unfair behandelt. Dabei wird keineswegs übersehen, dass es auch in der Maklerbranche sogenannte *"schwarze Schafe"* und negative Auswüchse gibt. In welcher Branche aber nicht?!

Hätte die Politik, wie schon seit langem gefordert, den Zugang zum Beruf des Maklers nicht nur von wenigen Hundert EURO zur Erlangung der Gewerbeerlaubnis und dem Gottvertrauen der Antragsteller abhängig gemacht, sondern von einer qualifizierten, ja vielleicht sogar, wie in einigen EU-Ländern üblich, hochqualifizierten Ausbildung, dann hätte es diesen Imageschaden und die ein oder anderen Auswüchse nie gegeben. Die Politik zeigt wieder einmal auf den Falschen: Sie selbst ist der Verursacher der Situation!

Es wird nicht bestritten, dass die jahrelange Praxis, nur den Mieter die Maklerprovision bezahlen zu lassen, nicht ausgewogen war. Deshalb hätte auch dem ursprünglichen Vorschlag der Provisionsteilung zwischen Vermieter und Mieter zugestimmt werden können. Als dies seitens des BVFI – Bundesverband für die Immobilienwirtschaft ganz zu Beginn der Diskussion um das Bestellerprinzip der für Mieter, Vermieter und Makler absehbar nachteiligen Situation vorgeschlagen wurde, erntete er Häme und Anfeindungen. Heute wären viele wahrscheinlich froh, es wäre so gekommen.

Auch der vor Verabschiedung des MietNovG unterbreitete Vorschlag, dass neben dem Vermieter auch weiterhin der Mieter Besteller sein kann, wäre praxistauglich gewesen. Wer als erstes den Auftrag an den Makler erteilt, ist verpflichtet, seine Provision zu zahlen.

2.4 Die politischen Versäumnisse wurde den Marktteilnehmern angelastet

Vor der Einführung des Bestellerprinzips gab es demnach bereits mehrere Versuche, das Wohnungsvermittlungsgesetz in unterschiedlicher Intensität zu novellieren. Zwar ruhten die Bemühungen in Anbetracht politischer Konstellationen, gerieten aber nie ganz in Vergessenheit.

So richtig an die Oberfläche geriet das Thema erst wieder durch die nach dem Überstehen der Finanzkrise seit langem wieder steigenden Immobilienpreise. Nahezu zehn Jahre Preisstillstand führten zu einem Nachholeffekt. Deshalb, und auch wegen der verfehlten Wohnungsbaupolitik und den in Folge fehlenden Wohnungen, zogen die Mieten spürbar, aber längst nicht überall, an. Die zur Selbstreflektion unfähige Politik fand zur Ablenkung des eigenen Fehlverhaltens schnell die Schuldigen: Die vermietenden Immobilieneigentümer, Investmentgesellschaften, die zuweilen als *„Heuschrecken"* tituliert wurden, und deren *„willfährige Handlanger"*, die Immobilienmakler.

Dabei übersahen die Politiker, allen voran die Sozialdemokraten, dass es ganz andere Ursachen für die Reduzierung des Wohnungsneubaus gab, die verantwortlich für die Preissteigerungen waren. Exemplarisch seien nur die zunehmenden gesetzlichen Einschränkungen der Vermieterrechte, die Fehlbelegung der Sozialwohnungen, die zum Teil übertriebenen Bauauflagen, der zu geringe Ausweis an Neubauflächen, die Einstellung des sozialen Wohnbaus, die Abschaffung der bewährten Abschreibungen oder der Verkauf riesiger städtischer Sozialwohnungsbestände genannt.

2.5 Die Fortsetzung des SPD-Beschlusses erfolgte in 2010

Im Jahr 2010 wurden wieder zwei Initiativen an die Bundesregierung herangetragen, die Maklerprovision bei der Wohnungsvermittlung neu zu regeln. Der Vorschlag der Hamburger SPD sah damals vor, die Maklerprovision zwischen dem Vermieter und dem Mieter hälftig zu teilen. Bündnis90/Die Grünen wollten die Maklerprovision als zwingende Regelung zu Lasten des Vermieters in das Wohnungsvermittlungsrecht aufnehmen. Beide Vorschläge wurden auf Empfehlung des Rechtsausschusses mit der Mehrheit der damaligen Regierung aus CDU/CSU und FDP am 24.02.2011 abgelehnt. Begründet wurde dies mit dem fehlenden bundesweiten Regelungsbedürfnis und der unverhältnismäßigen Einschränkung der Vertragsfreiheit.

Doch bereits am 17.05.2013 brachten die Länderregierungen aus Baden-Württemberg (SPD, Bündnis90/Die Grünen), Hamburg (SPD, Bündnis90/Die Grünen), Niedersachen (SPD, Bündnis90/Die Grünen) und Nordrhein-Westfalen (SPD, Bündnis90/Die Grünen) einen neuen Gesetzentwurf ein. Die damalige Bundesregierung (CDU/CSU, FDP) ist dem Entwurf unter anderem deshalb entgegengetreten, weil es zweifelhaft sei, dass durch die angestrebte Regelung Wohnungssuchende tatsächlich finanziell entlastet werden würden.

Der Gesetzentwurf ist nach Beendigung dieser Legislaturperiode dem Grundsatz der Diskontinuität zum Opfer gefallen.

2.6 Ein Bundesjustizminister will sein Image aufpolieren

Nach der Bundestagswahl 2013 bildeten die CDU/CSU und die SPD die neue Bundesregierung, die sogenannte Große Koalition (GroKo). Damit saßen einstige Befürworter und Gegner des Bestellerprinzips gemeinsam am Regierungstisch. Ein Kräftemessen war zu erwarten. Zur Überraschung vieler Immobilienmakler ging nicht der große Koalitionspartner CDU/CSU als Sieger hervor, sondern der kleinere, die SPD.

Es lohnt sich, näher darauf einzugehen, wie es dazu kam: Bundesjustizminister wurde der bis dahin kaum auffällige saarländischer Minister für Wirtschaft, Arbeit, Verkehr und Energie sowie stellvertretende Ministerpräsident, Heiko Maas. Soweit von ihm bekannt ist, arbeitete er nur ein Jahr lang in der freien Wirtschaft, ehe er sein Studium der Rechtswissenschaften begann und danach nur noch politische Tätigkeiten ausübte.

Schon kurz nach seiner Wahl zum Bundesminister der Justiz und Verbraucherschutz im Dezember 2013 war der Name Heiko Maas in aller Munde. Nicht etwa, wegen besonderer Verdienste. Nein, sein Alleingang, die Vorratsdatenspeicherung zunächst auf Eis zu legen, verärgerte mehrere Innenminister der Länder und selbst Parteifreunde. Sein Image war schon nach wenigen Monaten angekratzt.

Minister stehen unter Erfolgszwang, besonders in der eigenen Partei, noch mehr, wenn man kaum über die Grenzen des Saarlandes hinaus bekannt ist. Also stand es für Heiko Maas dringend an, das eigene Image medienwirksam aufzupolieren. Was eignete sich da besser, als populistisch alt-sozialdemokratische Forderungen wieder aus der Schublade zu holen: die Begrenzung von Mieterhöhungen und die Einschränkung der Berufsfreiheit des Maklers. Die Medien, ohnehin keine allzu großen Freunde jener Personen- und Berufsgruppen, waren dankbare Multiplikatoren. Mit Unterstützung von Soaps wie *„Mieten – Kaufen – Wohnen"* gelang es ihnen, ein Trugbild über den Beruf des Maklers bis ins Wohnzimmer des unbedarften Publikums hinein zu vermitteln.

2.7 Die SPD wittert nach fast 40 Jahren ihre Chance

Ganz so unverblümt wie im obigen Spiegel-Artikel von 1973 drücken sich die Politiker der SPD heute nicht mehr aus. Heute wird die Absicht in eine publikumswirksame Formel, wie beispielsweise *„Wer bestellt soll auch bezahlen!"*, eloquent verpackt. Wie jedoch dann mit der Berufsgruppe der Immobilienmakler umgegangen wurde, lässt schon vermuten, dass das Gedankengut des Parteitagsbeschlusses des Jahres 1973 *„Die SPD fordert: Makler weg!"* immer noch in ihnen schlummerte.

Am 18.03.2014 wurde der erste Referentenentwurf der GroKo zur Mietpreisbremse und zum Bestellerprinzip vorgelegt. Obwohl die Koalitionsvereinbarung die Einführung des Bestellerprinzips mit den angespannten Mietwohnungsmärkten in den Ballungszentren und mit der dortigen Praxis einer Abwälzung der Maklerkosten auf den Mieter begründete, was für eine regionale Begrenzung des Bestellerprinzips gesprochen hätte, hat man sich für eine bundesweite Anwendung des Bestellerprinzips ausgesprochen. Die SPD und ihr angeschlagener Minister haben sich schon das erste Mal durchgesetzt.

Die heutigen Verbände, namentlich der IVD und der BVFI, setzten sich vehement dafür ein, dass dieses Bestellerprinzip so nicht eingeführt wird. Sie forderten ein *„echtes"* Bestellerprinzip; nicht nur Vermieter sollten die Auftraggeber des Maklers sein können, auch Mieter. Das ist ihnen nach Maßgabe von § 2 Abs. 1a WoVermittG verwehrt: *„Der Wohnungsvermittler darf vom Wohnungssuchenden ... kein Entgelt fordern, sich versprechen lassen oder annehmen...*

Der IVD ließ eigens von Prof. Dr. Friedhelm Hufen, Professor für Öffentliches Recht - Staats- und Verwaltungsrecht an der Universität in Mainz ein 59-seitiges Gutachten *„Zur verfassungsrechtlichen Beurteilung des Bestellerprinzips im Wohnungsvermittlungsrecht"* erstellen. Seine Stellungnahme zum neuen Lösungsweg können Sie Kapitel 5.13 nachlesen.

Auch der BVFI war aktiv uns schrieb mehrfach persönlich alle Abgeordnete der CDU/CSU an. Er verwies auf die bereits im Jahr 1973 formulierte SPD-Absicht *„Makler weg!"* sowie auf die begründeten Ablehnungen der Regierung von CDU/CSU und FDP im 2011 und 2013. Er warnte vor den absehbaren und gravierenden Folgen für Vermieter, Mieter und Makler. Genützt hat es leider nichts!

2.8 Die Unionsparteien lassen die Makler über die Klinge springen

Man fragt sich, warum, weshalb, wieso? Was war in jener Union geschehen, die doch noch 2011 und 2013 dem Ansinnen der SPD mit dem Argument entgegentrat, dies wäre ein zu großer Eingriff in die Vertragsfreiheit der Beteiligten und es sei zudem zweifelhaft, ob durch die angestrebte Regelung Wohnungssuchende tatsächlich finanziell entlastet werden würden.

Der Schlüssel dürfte in dem Antwortschreiben des Bayerischen Ministerpräsidenten und CSU-Vorsitzenden Horst Seehofer vom 25.03.2015 an den Präsidenten des BVFI und Mitautor Helge Ziegler liegen.

Man mag sich das einmal bildhaft vorstellen: Die Koalitionäre sitzen am ovalen Tisch des Bundeskabinetts. Hier der smarte Bundesminister der Justiz Heiko Maas, da der steinharte Bayerische Ministerpräsident Horst Seehofer. Der eine wünscht sich so sehr seine politische Anerkennung, der andere die Maut. Da wird diskutiert und lamentiert. Am Ende bekommt der eine das Bestellerprinzip, der andere die Maut. Auf dem Opferaltar liegt – der Wohnungsmakler.

Ob die Koalitionäre wohl wussten, dass während ihrer Aussprachen zum Bestellerprinzip der Bundesjustizminister, weil er gerade vom Saarland nach Berlin umgezogen ist, sein freigewordenes Haus von einem Makler vermieten und den Mieter die Maklerprovision bezahlen ließ? Da mussten früher Minister schon wegen kleinerer Vergehen zurücktreten. Doch der SPD war das populistisch so gut vermarktungsfähige und auf dem Rücken der ungeliebten Berufsgruppe der Immobilienmakler austragbare Bestellerprinzip wichtiger, als ihren Minister zu opfern.

Die politische Situation bis zur Einführung des Bestellerprinzips

EINGEGANGEN AM 02. APR. 2015

Christlich-Soziale Union
Der Vorsitzende

Herrn
Helge Norbert Ziegler
Vorstand
Bundesverband für die Immobilienwirtschaft e.V.
Hanauer Landstraße 204
60314 Frankfurt

Horst Seehofer, MdL
Bayerischer Ministerpräsident

Franz Josef Strauß-Haus
Nymphenburger Straße 64
80335 München
Telefon 089/12 43-215
Telefax 089/12 43-216
Horst.Seehofer@csu-bayern.de

25. März 2015

Sehr geehrter Herr Ziegler,

für Ihr Schreiben vom 01. März 2015 und die darin geäußerten kritischen Gedanken danke ich Ihnen.

Das Bestellerprinzip für Wohnungsvermittler ist Bestandteil des „Pakets für bezahlbares Wohnen". Diesem ausdrücklichen Wunsch der SPD konnten wir uns in den Koalitionsverhandlungen leider nicht verschließen. Im Gegenzug konnte die Christlich-Soziale Union aber eine Reihe von anderen wichtigen Forderungen durchsetzen.

So haben wir erreicht, dass im Paket für bezahlbares Wohnen alle neu errichteten Wohnungen von der Mietpreisbremse ausgenommen sind. Und dies nicht nur bei der Erstvermietung, sondern auf Dauer. Das ist wichtig, damit sich Investitionen in neuen Wohnraum auch weiterhin lohnen. Und auch in Zukunft setzt sich die CSU wie im Bayernplan angekündigt für höhere Investitionen in Wohnraum ein: etwa durch steuerliche Anreize wie die Degressive AfA, oder einer Förderung von energetischen Gebäudesanierungen.

Sehr geehrter Herr Ziegler, nochmals herzlichen Dank für Ihre offenen und kritischen Worte. Für die Zukunft wünsche ich Ihnen persönlich alles Gute und verbleibe

mit freundlichen Grüßen

Horst Seehofer, MdL

Weitblickender reagierte übrigens der Vorsitzende der nicht mehr, wahrscheinlich aber bald wieder im Bundestag vertretenen FDP, Christian Lindner, der im Übrigen auf den Veranstaltungen der Immobilienverbände immer wieder seine positive Haltung zum Beruf des Immobilienmaklers erkennen lässt:

2.9 Vom Referentenentwurf zum Gesetz

Das Bundesministerium der Justiz und Verbraucherschutz (BMJV) legte also am 18.03.2014 den Referentenentwurf vor. Danach sollte ein Immobilienmakler vom Wohnungssuchenden nur noch dann eine Provision verlangen dürfen, wenn dem Makler seitens des Mietinteressenten ein Suchauftrag in Textform vorliegt, er ausschließlich für ihn tätig wird, er mit dem Einverständnis des Vermieters oder eines anderen zur Vermietung Berechtigten die Wohnung dem Mietinteressenten anbietet und es infolge dessen zum Abschluss des Mietvertrages kommt.

Aus dem Referentenentwurf wurde, trotz heftiger Intervention der Verbände, mit kleineren Änderungen der am 01.10.2014 dem Bundesrat vorgelegte Regierungsentwurf. Nach einer teilweisen kritischen Beratung im Bundesrat und den Ausschüssen, weiteren Beratungen in Bundesrat und Bundestag wurde der Regierungsentwurf unverändert (!) am 05.03.2015 beschlossen. Mit Wirkung zum 01.06.2015 trat das *„Gesetz zur Dämpfung des Mietanstiegs auf angespannten Wohnungsmärkten und der Stärkung des Bestellerprinzip bei der Wohnungsvermittlung (Mietrechtsnovellierungsgesetz, MietNovG)"* vom 21.04.2015 in Kraft.

2.10 Das alles entscheidende Wörtchen „*ausschließlich*"

Wer hätte gedacht, dass das Wörtchen „*ausschließlich*" so viel bewirken kann. Gemäß § 2 Abs. 1a des Wohnungsvermittlungsgesetzes (WoVermG) darf der Wohnungsvermittler

„vom Wohnungssuchenden für die Vermittlung oder den Nachweis der Gelegenheit zum Abschluss von Mietverträgen über Wohnräume kein Entgelt fordern, sich versprechen lassen oder annehmen, es sei denn, der Wohnungsvermittler holt **ausschließlich** *wegen des Vermittlungsvertrags mit dem Wohnungssuchenden vom Vermieter oder von einem anderen Berechtigten den Auftrag ein, die Wohnung anzubieten."*

Ob sich die Damen und Herren Politiker bewusst waren, welche weitreichende Wirkung dieses eine Wörtchen haben wird? Die meisten bestimmt nicht, denn der von Herrn Heiko Maas stereotyp wiederholte Satz „*Wer bestellt, der bezahlt!*" verfehlte seine beabsichtige Wirkung nicht und blendete die meisten. Denn er ist, was die „*Bestellung*" des Maklers betrifft, rundweg falsch, worauf in Kapitel 4.6 eingegangen wird.

2.11 Makler klagen stellvertretend für tausend andere – und scheitern

Noch vor dem Inkrafttreten des Bestellerprinzips regten Makler Klagen vor dem Bundesverfassungsgericht (BVerfG) an. Neben der Beantragung auf Erlass einer einstweiligen Anordnung hatten sie auch Verfassungsbeschwerde erhoben. Sie sahen sich in ihrer Existenz bedroht, zurecht übrigens.

Leider scheiterten sie. Nach Auffassung des BVerfG würde zwar das Bestellerprinzip die in Art. 12 des Grundgesetzes (GG) garantierte Ausübung der Berufsfreiheit beeinträchtigen, doch die gesetzliche Einschränkung sei verfassungsrechtlich gerechtfertigt. Der Gesetzgeber würde den sozialen und wirtschaftlichen Ungleichheiten entgegentreten. Die gegensätzlichen Interessen wären abzuwägen. Dabei würde der Gesetzgeber über einen weiten Ermessensspielraum verfügen, wenn er feststellt, dass zu Lasten der Wohnungssuchenden auf dem Mietwohnungsmarkt erhebliche soziale und wirtschaftliche Missverhältnisse bestehen. Dies müsse gegenüber den Interessen abgewogen werden. Ein durch das Bestellerprinzip geschaffener Ausgleich wäre im Hinblick auf das legitime Ziel des Verbraucherschutzes angemessen; Makler würden durch die Neuregelung zunächst nicht vollständig in ihrer Berufsausübung gehindert werden. Sie könnten noch immer Aufträge von Verkaufsbereiten und Vermietungswilligen entgegennehmen.

Bei der Entscheidung sei auch zu berücksichtigen, dass Makler bei einer Vermietung letztendlich für den Vermieter tätig werden, denn in der Regel würde der vermietungswillige Eigentümer den Auftrag erteilen.

Mit dem Bestellerprinzip würde in sozialadäquater Weise den Interessen der Wohnungssuchenden Rechnung getragen werden. Die Maklerprovision würde das soziale Ungleichgewicht vergrößern, insbesondere dann, wenn der Mieter auch noch eine Kaution zu leisten hätte. Soweit das BVerfG in seinem Beschluss vom 29.06.2016, AZ: 1 BvR 1015/15.

Diese Begründung kann man nicht nachvollziehen. Zum einen, weil schon während des Verfahrens einer der klagenden Makler wegen eingetretener Umsatzausfälle und Vermögenslosigkeit eine eidesstattliche Erklärung abgeben musste, infolge dessen ihm sogar Prozesskostenhilfe gewährt wurde! Auch dies veranlasste die Richter nicht, von ihrer Haltung abzurücken, obwohl schon damit ein Makler kurz nach Inkrafttreten des Bestellerprinzips unfreiwillig und leidvoll für eine ganze Branche den Beweis antreten musste, dass ein ganzer Beruf vor der Vernichtung stand.

Zum anderen, weil es doch ursprünglich darum ging, *"in angespannten Wohnungsmärkten"* die Kosten des Wohnungsmaklers nicht auf den Wohnungssuchenden *"abzuwälzen"*. Hatte man bei der Mietpreisbremse noch die regional sehr unterschiedlichen Gegebenheiten berücksichtigt, so wurde das Bestellerprinzip flächendeckend für ganz Deutschland eingeführt. Dabei liegen nur 4,2 Millionen der 21 Millionen Mietwohnungen in angespannten Märkten! Welch ein Widerspruch und welch eine Abkehr vom ursprünglich Gewollten des Koalitionsvertrages.

Leider scheiterte auch die Menschenrechtsbeschwerde eines Maklers vor dem Europäischen Gerichtshof für Menschenrechte (EGMR) in Straßburg. Dem Richter war die Begründung seiner Ablehnung gerade einmal eine Seite wert.

Drei Makler zahlten geschätzt 30.000 EUR an Anwalts- und Gerichtskosten und gingen ein hohes finanzielles Risiko ein. Eine vom BVFI mitorganisierte Klägergruppe von ca. 200 Maklern sammelte nochmals etwa 25.000 EUR ein, um mit anwaltschaftlicher Hilfe die Einführung des Bestellerprinzips zu verhindern.

Alle gemeinsam traten für die Existenzrechte einer ganzen Branche ein. Ob sich die Lage geändert hätte, wenn sich noch viel mehr Makler beteiligt hätten, sei dahingestellt. Allerdings zeigte sich hier exemplarisch, wie wenig homogen die Gilde der Makler selbst ist, wenn es um ihre Existenz geht. Leider verstehen sich noch viel zu viele als Einzelkämpfer. Nur wenige sind letztlich bereit, sich im Gesamtinteresse des gesamten Maklerberufes zu engagieren. Zu wenige sind (noch) Mitglied in einem der Verbände! Mit der Zahl ihrer Mitglieder erhöht sich ihre politische Durchschlagskraft.

3 Die neuen gesetzlichen Bestimmungen des Bestellerprinzips

Das für das Bestellerprinzip einschlägige *„Gesetz zur Regelung der Wohnungsvermittlung (WoVermRG)"* spricht von *„Wohnräumen"*, die von *„Wohnungsvermittlern"* vermittelt werden. Diese Formulierungen sind unscharf, weshalb sie, um Missverständnissen vorzubeugen, zu definieren sind.

3.1 Definition *„Wohnraum"*

Eine einheitliche Definition des Begriffs *„Wohnraum"* oder was eine *„Wohnung"* ist, gibt es nicht. Und trotzdem reden wir vom *Wohnraum*mietrecht, dem *Wohnraum*mietvertrag, dem *Wohnungs*vermittlungsgesetz, der *Wohnflächen*berechnung, der *Wohn*berechtigung, dem *Wohn*recht usw. Je nach Gesetz und Gesetzeszweck ist also zu prüfen, was genau im maßgeblichen Zusammenhang unter *„Wohnraum"* zu verstehen ist.

Ein Makler muss differenzieren, ob er einen Vertrag über *„Mietverhältnisse über Wohnraum"* nach den gesetzlichen Bestimmungen der §§ 549 bis 577a BGB vermittelt bzw. die Gelegenheit zum Abschluss nachweist, oder einen über *„andere Sachen"* nach den §§ 578 bis 580a BGB, wozu auch der Gewerbemietvertrag zählt.

Für die Unterscheidung des Begriffs des Wohnens hat die Rechtsprechung eine Definition herausgearbeitet:

„Wohnraum ist jeder zum Wohnen, insbesondere zum Schlafen, zum Essen, zum Kochen und für dauernde private Nutzung im Sinne der Führung eines privaten Haushalts bestimmte Raum, der Innenteil eines Gebäudes ist."

Ferner gehören zu den Wohnräumen auch solche Geschäftsräume, die wegen ihres räumlichen oder wirtschaftlichen Zusammenhangs mit Wohnräumen zusammen vermietet werden (§ 1 Abs. 2 WoVermittG). Wird die Wohnung auch für eine gewerbliche oder freiberufliche Tätigkeit genutzt, handelt es sich um ein Wohnraummietverhältnis, wenn trotz gemischter Nutzung ein einheitlicher Mietvertrag vorliegt und der Wohnzweck überwiegt. Dabei ist es gleichgültig, wie der Mietvertrag tituliert ist. Zu den Wohnräumen zählt auch das zu Wohnzwecken genutzte Einfamilienhaus.

> Die Vorschriften des WoVermittG und das Bestellerprinzip gelten nicht für gewerblich genutzte Räume und nicht für Wohnräume im Fremdenverkehr (§ 1 Abs. 3 WoVermittG). Gleichwohl gelten sie auch für möblierte Wohnungen.

3.2 Definition *„Wohnungsvermittler"*

Nach der Legaldefinition des § 1 WoVermittG ist ein Wohnungsvermittler, wer den Abschluss von Mietverträgen über Wohnräume vermittelt oder die Gelegenheit zum Abschluss von Mietverträgen über Wohnräume nachweist.

Diese Begriffsbestimmung lehnt sich bewusst an die Tätigkeitsmerkmale eines Maklers nach § 652 BGB an und entspricht inhaltlich dem sich aus dieser Vorschrift ergebenden gesetzlichen Leitbild eines Nachweis- und Vermittlungsmaklers. Allerdings hat der Gesetzeswortlaut in § 2 Abs. 1 des WoVermittG mit dem Begriff *„Vermittlungsvertrag"* eine begriffliche Unschärfe. Die Kommentatoren sind sich einig, dass es sich hier um einen Oberbegriff handelt, der beide Tätigkeitsmerkmale umfasst, die Vermittlungs- und die Nachweistätigkeit.

3.3 Die Textform

Maklerverträge unterliegen grundsätzlich keinem Formzwang. Deshalb konnte nach bisherigem Recht der Wohnungsmaklervertrag durch mündliche oder auch konkludente Erklärungen wirksam zustande kommen. Mit Einführung des Bestellerprinzips ist für den Abschluss eines Maklervertrages nunmehr die Textform erforderlich.

Mit dem Formzwang der Textform soll dem Wohnungssuchenden deutlich gemacht werden, dass ein Vertrag zustande kommt und im Erfolgsfalle eine Vergütung an den Makler zu entrichten ist. Zudem sollen Unklarheiten über die Leistung des Maklers und dessen Vergütung vermieden werden. Die frühere beweisintensive Problematik eines mündlich oder konkludent zustande gekommenen Vertrages wird somit beseitigt.

Um den Ansprüchen an die Textform (§ 126b BGB) zu genügen, müssen Erklärungen in einer Urkunde oder in einer anderen zur dauerhaften Wiedergabe geeigneten Weise in Schriftzeichen abgegeben werden. Dazu genügt ein Austausch der Urkunde, zum Beispiel mittels E-Mail oder Telefax, vorausgesetzt die Vertragsparteien verfügen über die erforderlichen Sende- und Empfangseinrichtungen. Ebenso reichen Verkörperungen auf Papier, USB-Stick, Diskette, CD-ROM oder Computer-Fax aus.

Anders als bei der Schriftform (§ 126 BGB), bei welcher die Unterschrift den räumlichen Abschluss der Urkunde bildet, kennt die Textform keine starre Regelung für die Kenntlichmachung des Dokumentenendes. Es bedarf lediglich eines eindeutig wahrnehmbaren Hinweises, der sich räumlich am Ende befindet und inhaltlich das Ende der Erklärung erkennen lässt. Dazu kommt neben der Namensunterschrift auch ein Zusatz, wie zum Beispiel *„diese Erklärung ist nicht unterschrieben"*, ein Faksimile, eine eingescannte Unterschrift, eine Datierung oder eine Grußformel in Betracht. Im Gegensatz zur Schriftform muss bei der Textform das Erklärte dem Empfänger nicht im Original vorliegen.

Der Aufwand zur Erfüllung der Textform ist relativ gering. Erfüllen Verträge jedoch die Anforderungen nicht, sind sie gemäß § 125 BGB unwirksam. Weigert sich beispielsweise der Wohnungssuchende einen Maklervertrag in Textform abzuschließen, hat der Makler im Erfolgsfalle keinen Anspruch auf Provision. Es ist das Risiko des Maklers, wenn er bereits vor Abschluss des Maklervertrages eine Leistung erbringt.

3.4 Der Suchauftrag des Wohnungssuchenden

Nach dem Bestellerprinzip ist ein Wohnungssuchender nur noch dann provisionspflichtig, wenn er dem Makler einen eigenständigen Suchauftrag in Textform erteilt, der Makler ausschließlich für ihn nach außen suchend tätig wird, er die Zustimmung vom Vermieter einholt und infolgedessen ein Mietvertrag zustande kommt. Damit führt das Bestellerprinzip zu einem Verbot der Doppeltätigkeit des Maklers.

Folglich kann dem Wohnungssuchenden nicht die Pflicht zu einer Provisionszahlung an den Makler auferlegt werden, wenn der Vermieter von sich aus einen Makler damit beauftragt, seine Wohnung zu vermieten oder der Makler die zu vermietende Wohnung bereits in seinem Bestand hat. Das wäre beispielsweise auch dann der Fall, wenn der Makler eine Wohnung zur Vermietung inseriert. Der Makler darf sich nämlich nach Maßgabe des § 8 WoVermittG für den Fall, dass der Wohnungssuchende zu keiner Zahlung verpflichtet ist, von diesem auch kein Entgelt fordern, sich versprechen lassen oder annehmen.

Gleichwohl hat der Makler einen Provisionsanspruch an den Wohnungssuchenden, wenn er in Folge seiner Suche auf eine zu vermietende Wohnung aufmerksam wird, die der Vermieter inseriert.

3.5 Die Ausschließlichkeit

Mietet der Wohnungssuchende die extra für ihn gefundene Wohnung nicht an, so kann der Makler, wenn er die selbe Wohnung einem anderen Interessenten anbietet, von diesem keine Provision verlangen. Diese Wohnung ist also, und das hatte der Gesetzgeber wohlweißlich erkannt, *„verbrannt"*.

Das Tatbestandsmerkmal *„ausschließlich"* hat zur Folge, dass ein Makler, den mehrere Wohnungssuchende mit einem Suchauftrag mit ähnlichem Suchprofil beauftragt haben und er sodann die passende Wohnung findet, nur mit dem ersten Suchkunden eine Provision verdienen kann. Kommt es mit dem ersten Suchenden zu keinem Mietvertrag, kann der Makler mit dem Nachweis oder der Vermittlung dieses Mietvertrages keine Provision mehr mit einem der anderen Suchenden verdienen, es sei denn … (dazu mehr im Kapitel *„Die Mieterprovision trotz Bestellerprinzip – Vom Problem zur Lösung"*.)

3.6 Die Erteilung der Vermieterzustimmung

Will der Makler einem Wohnungssuchenden auf seine konkrete Suchanfrage hin eine Wohnung vorstellen, hat er im Erfolgsfalle nur dann einen Provisionsanspruch, wenn er vom Vermieter oder einem anderen zur Vermietung Berechtigten einen „*Auftrag*" erhalten hat.

Unter dem im Sinne des WoVermittG verwendeten Begriff „*Auftrag*" ist allerdings weder ein Auftrag im Sinne der §§ 662 ff. BGB noch ein Maklervertrag im Sinne der §§ 652 ff. BGB zu verstehen.

Für diesen „*Auftrag*" (nachfolgend wird treffender von „*Zustimmung*" gesprochen) ist weder die Schriftform noch die Textform erforderlich. Vielmehr genügt jede *ausdrückliche, konkludente, schriftlich oder mündlich erklärte Zustimmung des Vermieters* zur Vermittlung dieser betreffenden Wohnung durch den Makler. Aber:

Da die erteilte Zustimmung des Vermieters zur Absicherung der Provisionsansprüche erforderlich ist, sollte auch dieser Nachweis rechtsicher geführt werden. Hierfür reicht eine Bestätigung per E-Mail grundsätzlich nicht aus. Gleiches gilt für ein Fax, weil hier im Streitfall die Echtheit des Schreibens bestritten werden kann. Rechtsicher ist vielmehr eine kurze schriftliche Bestätigung im Original oder aber eine mündliche Bestätigung im Beisein von Zeugen (wobei auch Ehegatten oder Mitarbeiter selbstverständlich Zeugenqualität haben).

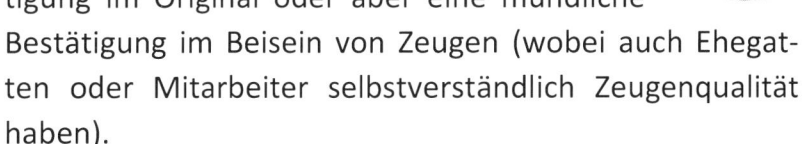

Zu den „*sonstigen zur Vermietung Berechtigten*" gehört beispielsweise auch ein Mieter, der gegenüber seinem

Vermieter berechtigt ist, einen Nachmieter zu stellen. Unklar ist, ob dieser Auftrag des *„Noch-Mieters"* gleichbedeutend mit dem des Vermieters ist und mit dem Noch-Mieter die Zahlung der Provision an den Makler vereinbart werden kann. Im Zweifelsfalle wäre ein Auftrag des Vermieters mit einer Provisionspflicht gegenüber dem Makler günstiger. Im Innenverhältnis könnte der Noch-Mieter sich dem Vermieter gegenüber verpflichten, ihn von den Maklerkosten frei zu stellen.

Erforderlich ist zudem, dass der Makler die Zustimmung des Vermieters *„ausschließlich"* zu dem Zweck einholt, diese Wohnung dem Wohnungssuchenden anbieten zu können.

3.7 Die Maklervergütung

Schaltet der Makler <u>nach</u> Erteilung des Suchauftrages des Wohnungssuchenden eine Anzeige, findet er <u>danach</u> eine für den Wohnungssuchenden geeignete Wohnung oder meldet sich <u>daraufhin</u> beim Makler ein Vermieter, erhält er <u>danach</u> vom Vermieter die Zustimmung, seine Wohnung dem Suchenden anbieten zu dürfen und kommt infolgedessen ein Mietvertrag zustande, so ist der Wohnungssuchende gegenüber dem Makler provisionspflichtig.

Provisionspflichtig ist der Wohnungssuchende jedoch dann nicht, wenn sich nach Erteilung des Suchauftrages ein Vermieter <u>von sich aus</u> an den Makler wendet. In diesem Fall wäre der Makler nicht *ausschließlich* wegen des Suchauftrages tätig geworden.

Wie bei Maklern üblich, hat dieser nur dann einen Provisionsanspruch, wenn der Hauptvertrag (hier der Mietvertrag) erfolgreich vermittelt oder die Gelegenheit zum Abschluss des Hauptvertrages nachgewiesen wurde. Es empfiehlt sich, im Maklervertrag für beide Alternativen die Provisionsvereinbarung zu regeln. Eine erfolgsunabhängige Provision, die Übernahme von Besichtigungsgebühren, Schreibgebühren oder sonstige Entgelte können selbst individualvertraglich nicht vereinbart werden.

Auch bei einem freiwilligen Versprechen des an sich wegen Nichteinhaltung der gesetzlichen Bestimmungen nicht provisionspflichtigen Wohnungssuchenden hat der Makler diesem gegenüber keinen Anspruch auf Zahlung einer Provision. Sie könnte sogar zurückverlangt werden.

Bei Fortsetzungs-, Verlängerungs- oder Erneuerungsverträgen kann, wie bisher schon Usus, beim Mieter keine Provision erhoben werden. Ebenso auch nicht bei Personenidentität oder -gleichheit zwischen Eigentümer, Verwalter, Mieter oder Vermieter oder einer wirtschaftlichen oder gesellschaftsrechtlichen Verflechtung.

Unter Verwalter ist hier der Miethausverwalter zu verstehen. Auf den Verwalter nach dem Wohnungseigentumsgesetz trifft dies nicht zu, da er das gemeinschaftliche Eigentum verwaltet und nicht die im Sondereigentum stehende Wohnung. Es sei denn, er wäre auch der Sondereigentumsverwalter.

Bei der Vermittlung von öffentlich gefördertem oder preisgebundenem Wohnraum kann überhaupt kein Provisionsanspruch erhoben werden.

Der Makler trägt die Darlegungs- und Beweislast dafür, dass die Voraussetzungen für seinen Provisionsanspruch gegenüber dem Wohnungssuchenden erfüllt sind.

Selbstredend müssen auch alle sonst üblichen Voraussetzungen für die Geltendmachung eines Maklerprovisionsanspruches erfüllt sein.

3.8 Die Vereinbarung einer Auslagenerstattung

Außer dem Entgelt in Höhe von max. zwei Monats(kalt-)mieten zzgl. Mehrwertsteuer können nach § 3 Abs. 3 WoVermittG für Tätigkeiten, die mit der Vermittlung oder dem Nachweis der Gelegenheit zum Abschluss von Mietverträgen über Wohnräume zusammenhängen, sowie für etwaige Nebenleistungen vom Suchenden keine Vergütungen irgendwelcher Art, insbesondere keine Einschreibgebühren, Schreibgebühren oder Auslagenerstattungen, vereinbart oder angenommen werden. Dies gilt nicht, soweit die nachgewiesenen Auslagen eine Monatsmiete übersteigen. Es kann jedoch vereinbart werden, dass bei Nichtzustandekommen eines Mietvertrages die in Erfüllung des Suchauftrages nachweisbar entstandenen Auslagen zu erstatten sind.

3.9 Die Vertragsstrafe bei Nichterfüllung von vertraglichen Verpflichtungen

Ferner können nach § 4 WoVermittG der Wohnungsvermittler und der Auftraggeber (der Wohnungssuchende) vereinbaren, dass bei Nichterfüllung von vertraglichen Verpflichtungen eine Vertragsstrafe zu zahlen ist. Die Vertragsstrafe darf 10 Prozent des vereinbarten Entgelts, höchstens jedoch 25 Euro (!) nicht übersteigen.

3.10 Das Verbot von Umgehungsvereinbarungen

§ 2 Abs. 5 WoVermG sieht ein Verbot vor, den Wohnungssuchenden zu verpflichten, ein vom Vermieter oder einem Dritten geschuldetes Vermittlungsentgelt zu zahlen. Damit werden Umgehungsgeschäfte, wie z.B. der Verkauf wertlosen Inventars, hohe Abstandszahlungen usw. untersagt. Verstößt der Makler schuldhaft dagegen, kann das Verhalten als Ordnungswidrigkeit mit einer Geldbuße von bis zu 25.000 EUR geahndet werden.

3.11 Rückforderungsanspruch bei unzulässigen Provisionszahlungen

Hat der Makler entgegen den Bestimmungen des WoVermittG vom Wohnungsuchenden Zahlungen erhalten, so kann der Wohnungssuchende diese vom Makler wegen ungerechtfertigter Bereicherung zurückverlangen. Die Verjährungsfrist beträgt drei Jahre.

3.12 Zusammenfassung der neuen gesetzlichen Bestimmungen

Weil es für die spätere Schilderung des Lösungsweges für die Geltendmachung eines **berechtigten Provisionsanspruchs** gegenüber dem Mietinteressenten so wichtig ist, hier nochmals eine stichpunktartige Zusammenfassung:

- Der Suchauftrag des Wohnungssuchenden an den Makler hat in Textform zu erfolgen.
- Für diese Wohnung hat der Makler noch keinen Vermietungsauftrag seitens des Vermieters.
- Er hat die Wohnung noch nicht in seinem Bestand.
- Der Makler geht ausschließlich für diesen Interessenten auf die Suche nach der von ihm gewünschten Wohnung. Dazu kann er sich zum Beispiel an Vermieter wenden, eine Suchanzeige in der örtlichen Presse aufgeben oder im Internet recherchieren.

- Der Makler findet eine solche Wohnung. Danach holt er beim Vermieter dessen Zustimmung ein, sie dem Interessenten anbieten zu dürfen.
- Der Makler weißt dem Interessenten die Wohnung nach und/oder vermittelt den Mietvertrag.
- Der Mietvertrag zwischen dem Vermieter und Mietinteressenten kommt zustande.

Bei Erfüllen dieser Voraussetzungen hat der Wohnungsmakler einen Anspruch an den Mieter auf Zahlung einer Provision in Höhe von maximal 2 Monatsmieten zzgl. Mehrwertsteuer, aktuell also 2,38 Monats(kalt)mieten.

Der Vollständigkeit halber sei noch gesagt, dass der Wohnungsmakler **keinen Provisionsanspruch** hat, wenn

- der Vermieter zuvor oder während des Suchauftrages den Makler mit der Vermittlung der Wohnung beauftragt,
- ein Mietverhältnis über dieselben Wohnräume fortgesetzt, verlängert oder erneuert wird,
- der Mietvertrag über Wohnräume abgeschlossen wird, deren Eigentümer, (Miet-)Verwalter, Mieter oder Vermieter er ist,
- der Mietvertrag über Wohnräume abgeschlossen wird, deren Eigentümer, Verwalter oder Vermieter eine juristische Person ist, an der der Wohnungsvermittler rechtlich oder wirtschaftlich beteiligt ist,

- eine natürliche oder juristische Person Eigentümer, (Miet)Verwalter oder Vermieter von Wohnräumen ist und ihrerseits an einer juristischen Person, die sich als Wohnungsvermittler betätigt, rechtlich oder wirtschaftlich beteiligt ist, oder

- der Mietvertrag über öffentlich geförderte Wohnungen oder über sonstige preisgebundene Wohnungen abgeschlossen wird, die nach dem 20. Juni 1948 bezugsfertig geworden sind oder bezugsfertig werden.

4 Die Nachteile des Bestellerprinzips für Mieter, Vermieter und Makler

Wer glaubt, das Bestellerprinzip birgt nur Nachteile für Makler, der irrt. Auch Mieter und Vermieter sind weitaus mehr als allgemein vermutet benachteiligt. Darauf wird in diesem Kapitel eingegangen.

4.1 Auch Mieter werden vielfach durch das Bestellerprinzip schlechter gestellt

Zur Erinnerung: Es war ja keineswegs so, dass zu vermietende Wohnungen nur von Immobilienmaklern angeboten und vermittelt wurden. Es waren lediglich etwa 40 Prozent! Es bestand also für einen Mietinteressenten gar kein Zwang, die Leistung eines Maklers in Anspruch zu nehmen; er hätte sich selbst die Mühe machen und auf Wohnungssuche gehen können. Da dies jedoch recht aufwändig sein kann, nahmen Mietinteressenten gerne die Dienste eines Maklers, insbesondere in stark nachgefragten Gegenden, in Anspruch. Dies ist ihnen heute nahezu verwehrt, es sein denn, man geht nach dem vorgeschlagenen Lösungsweg vor.

Bei all der unbegründeten Euphorie über die Einführung des Bestellerprinzips und der gerne damit gegenüber dem Makler artikulierten Häme wird geflissentlich übersehen, dass auch die Wohnungssuchenden mit der Einführung des Bestellerprinzips vielfach benachteiligt wurden. Die

Suchenden wandten sich nämlich nicht etwa aus einer Not heraus an einen Makler, sondern weil sie dessen Marktkenntnisse, Know-how, Branchenkenntnisse usw. gerne in Anspruch nahmen, um in der favorisierten Gegend die gewünschte Wohnung mieten zu können.

Nachfolgend werden beispielhaft einige Nachteile genannt, die für die Mieter mit der Einführung des Bestellerprinzips eingetreten sind:

1. Die Politik erhoffte sich, dass mit dem Bestellerprinzip künftig sozial Schwächeren oder aus anderen Kulturkreisen Kommenden das Mieten von Wohnungen erleichtert werden würde. Geradezu das Gegenteil ist der Fall! Diese Suchenden kommen wegen der Sorge der Vermieter, Nachteile zu erleiden, gar nicht mehr zum Zuge, denn der vermittelnde und ausgleichende Wohnungsmakler ist nicht mehr da! Zudem achten Vermieter zur Vermeidung eines Mietausfalls noch intensiver auf die Bonität der Interessenten. Die Genannten kommen meist gar nicht mehr in die nähere Auswahl.

2. Sollten Vermieter über einen Makler die Wohnung vermitteln lassen, wird dessen Provision häufig in die Miete eingepreist. Der Nachteil für den Mieter liegt auf der Hand: Die höhere Miete zahlt er während der gesamten Mietzeit. So zahlt er meist mehr als eine einmalige Provision!

3. Übrigens: Ist der Vermieter Eigentümer einer Wohnung in einer strukturschwachen Gegend, hat er ohnehin schon die Provision an den Makler bezahlt. Der Markt regelte dies auch ohne das unnötige Bestellerprinzip.

4. Ein weiterer Nachteil, sogar für alle Mieter, allerdings mit einem gewissen Verzögerungseffekt, kommt hinzu: Die für die Ermittlung des Mietspiegels zugrunde gelegten Mieten werden durch die Einpreisung der Maklerprovision höher als zuvor, was für alle Mieter zu höheren Vergleichsmieten führt.

5. Um häufigen Wohnungswechsel und damit immer wieder entstehende Maklerkosten zu vermeiden neigen Vermieter jetzt verstärkt dazu, in Verbindung mit der Staffelmiete nach § 575a BGB das Kündigungsrecht nach § 575a Abs. 3 auszuschließen, was für maximal vier Jahre möglich ist. Will der Mieter früher aus dem Mietvertrag aussteigen, wird der Vermieter von ihm die Stellung eines Nachmieters verlangen. Um die Mietzeit abzukürzen, besteht für den ausziehungswilligen Mieter auch die Möglichkeit gegen Zahlung einer Provision mit einem Wohnungsmakler zu kooperieren. Das kann für ihn zwar günstiger sein, als die Miete bis zum Ende der regulären Mietzeit zu zahlen, insgesamt kostet es ihn aber mehr Geld als in Zeiten vor dem Bestellerprinzip!

Die Nachteile des Bestellerprinzips für Mieter, Vermieter und Makler

6. Ein Großteil der zu vermietenden Wohnungen befindet sich im Privateigentum. Diese Eigentümer haben oft nur rudimentäre Kenntnisse vom Mietrecht. Nicht selten neigten sie deshalb dazu, bei Neuvermietungen an die Grenze des Möglichen gehen zu wollen. Hierbei wird nicht nur an die Miethöhe, sondern auch an anderweitig gewünschte Vereinbarungen im Mietvertrag gedacht. Da sich die eingeschalteten Makler auch gerne als Interessenvermittler verstanden, bemühten sie sich um die Ausgewogenheit der Vermieter- und Mieterinteressen. Dieser Vorteil geht dem Mieter heute abhanden. Heute ist der Makler Interessenvertreter des Vermieters. Der Vermieter ist sein Mandant, er wird von ihm bezahlt! Der Mieter ist jetzt in einer schwächeren Position.

7. Immobilienmakler waren auch im Interesse einer harmonischen Hausgemeinschaft geschickt bei der Auswahl der Interessenten. Sie berücksichtigten, bei welchen Personen aus welchen Herkunftsländern untereinander ein Konflikt-potenzial bestehen könnte. Sie waren auf einen ausgewogenen Mietermix bedacht, wodurch die Gefahr von Dissonanzen, Stellvertreterkriegen und Streitigkeiten unter den Mietern verringert werden konnte.

8. Die Erstgespräche mit dem Mietinteressenten und die Erstbesichtigung fanden in aller Regel nur in Anwesenheit des Wohnungsmaklers statt. Hier

hatte der Mietinteressent vielfach Gelegenheit, seine Vorstellungen und Wünsche zu nennen, so dass diese im Gespräch des Maklers mit dem Vermieter berücksichtigt werden konnten.

9. Das bei einer Wohnungsvermietung erforderliche Geschick brachte einmal ein Wohnungsmakler zutreffend auf den Punkt: *„Ich habe mir schon häufig gewünscht, bei Vermietungen einmal einen Politiker, einen Soziologen und einen Sozialarbeiter dabei zu haben. Denn für das, was ich als Makler oft sehe und auch aushalten muss, muss man über ein großes Herz, viel Empathie, Geduld und Nächstenliebe verfügen, sonst kann man das gar nicht aushalten!"*

10. Dem kündigenden Mieter ist daran gelegen, so früh als möglich in seine neue Wohnung einziehen zu können. Nicht selten bestand die Gefahr der Mietdoppelzahlungen, weil er zugleich für die bereits gekündigte und die neue Wohnung die Miete zu entrichten hatte. Er war daher daran interessiert, schnell einen Nachmieter zu finden. Dabei war ihm der Wohnungsmakler behilflich, heute ist er es nicht mehr. Gleiches gilt für den einziehenden Mieter.

11. Der Wohnungsmakler war auch in den Abendstunden und am Wochenende für Mietinteressenten da, was dazu führte, dass sie auch außerhalb ihrer

Arbeitszeit die Wohnung besichtigen konnten und somit keinen Lohnausfall hinnehmen oder Urlaub in Anspruch nehmen mussten.

12. Einem Mietinteressenten wurde, wenn gewünscht, auch mehrmals die Wohnung gezeigt, damit er bei seiner Entscheidung auch ganz sicher sein konnte, die richtige Wahl getroffen zu haben.

13. Bei kniffligen Themen, die den Vermieter gar nicht tangierten, vermittelte der Makler zwischen dem ausziehenden und dem einziehenden Mieter wie ein Mediator. Beispielhaft sei an die Übernahme von Möbeln oder an den Ablauf der Wohnungsübergabe gedacht.

14. Der Makler kennt für den Mietinteressenten vorteilhafte Produkte, die dessen Budget entlasten konnten. Man denke nur an die Mietkautionsversicherung, womit eine Barhinterlegung von 3 Monatsmieten vermieden werden kann.

15. Mietinteressenten erhielten vom Wohnungsmakler oft wertvolle Hinweise, beispielsweise bei der Beantragung von staatlichen Zuschüssen und dem Ausfüllen von Formularen. So konnten auch Zuschüsse zur Miete erwirkt werden.

16. Der Mieter erhielt bei Einzug ein qualifiziertes Übergabeprotokoll, das ihn davor bewahrte, beim

Auszug mit Kosten für nicht verursachte Schäden in Anspruch genommen zu werden.

17. Der Makler war auch nach Abschluss des Mietvertrages für den Mieter bei aufkommenden Unstimmigkeiten mit dem Vermieter eine gerne in Anspruch genommene Anlaufstelle, um die gegenseitigen Interessen wieder in Einklang zu bringen.

18. Im Zuge der erforderlichen Arbeitsplatzmobilität werden Mieter immer wieder ihren bisherigen Wohnort verlassen und umziehen müssen. Suchte zum Beispiel ein in Hamburg Lebender in München eine Wohnung, beauftragte er gerne einen Wohnungsmakler, der nach seinen Vorgaben Wohnungen recherchierte. Der Interessent brauchte nur einmal am Wochenende die Fahrt an den neuen Wohnort auf sich nehmen, sich die vorselektierten Wohnungen anzuschauen und die geeignete auszuwählen. Das ersparte ihm erhebliche Aufwendungen, wie zum Beispiel Fahrt- und Übernachtungskosten, unter Umständen auch Verdienstausfälle oder die Inanspruchnahme von Urlaubstagen. Diese Leistung bietet ihm heute kein Makler mehr, Stichwort *„verbrannte Wohnung"*.

19. Die mit dem Arbeitsplatzwechsel entstehenden Umzugskosten einschließlich der Kosten des Maklers wurden dem Arbeitnehmer oft vom neuen Arbeitgeber erstattet. Wird die Maklerprovision nun

in die Miete eingepreist, so sind sie nicht mehr offen ausweisbar und können somit, zum Nachteil des umziehenden Mieters, nicht mehr vom neuen Arbeitgeber erstattet werden.

20. Einen ähnlichen Nachteil erfährt der umziehende Mieter, wenn der neue Arbeitgeber die Umzugskosten nebst Maklerkosten nicht übernimmt. Früher konnte neben den Umzugskosten auch die Maklergebühr steuerlich geltend gemacht werden. Die steuerliche Absetzbarkeit der Maklerkosten entfällt jetzt, da sie in der Miete eingepreist sind und nicht mehr getrennt ausgewiesen werden können.

Fazit: Für all diese Dienstleistungen steht ein Wohnungsmakler heute nicht mehr zur Verfügung, es sei denn … (… was Sie im nächsten Kapitel erfahren.) Dadurch entstehen auch für Mieter erhebliche Nachteile. Die vermeintlichen Vorteile des Bestellerprinzips bestehen also nur auf den ersten Blick. Der beabsichtigte Populismus hat Politiker daran gehindert, die wirklichen Nachteile zu erkennen.

4.2 Das Bestellerprinzip benachteiligt auch Vermieter

Was in der Diskussion vollkommen unterging: In nahezu allen Fällen, lassen wir einmal die wegen begründeten Eigenbedarfs weg, ist nicht der Vermieter der Auslöser des

Mieterwechsels, sondern der Mieter! Es ist also keineswegs auszuschließen, dass innerhalb kürzester Zeit mehrere Mieterwechsel stattfinden. Mit den dadurch vermehrt entstehenden Maklerkosten wird mit Einführung des Bestellerprinzips ganz einseitig der Vermieter belastet, obwohl er gar nicht der Kostenverursacher ist, sondern der Mieter. Er löst die Kosten aus; er ist also der wahre Besteller!

Selbst wenn es dem Vermieter gelingen würde, die Maklerprovision in die Miete einzupreisen, entstehen bei einem Wohnungswechsel Kosten. Kein Wunder, dass Vermieter immer mehr dazu neigen, in Verbindung mit einer Staffelmiete das Kündigungsrecht für eine gewisse Zeit auszuschließen, was ihnen, wie bereits geschildert, möglich ist.

Zudem wird gerne übersehen, dass vom Vermieter erhebliche Aufwendungen, die durch den Mieter verursacht werden, zu tragen sind. Anhand nur einiger weniger Beispiele soll dies veranschaulicht werden:

1. Zu denken ist zunächst einmal an die *„ganz normalen"* Mietausfälle, die in der II. BVO kalkulatorisch mit 2 Prozent angesetzt werden. Dies hört sich nach nicht viel an, ist aber eine Summe, die jährlich in die Milliarden geht. Bei den 2 Prozent handelt es sich zudem um einen kalkulatorischen Durchschnittswert. Bei einem Vermieter, der *„nur"* eine zu vermietende Wohnung sein Eigen nennt, beträgt das Risiko 50

Prozent, bei einem Totalausfall fehlen 100 Prozent der Miete!

2. Immer wieder werden Vermieter von Mietnomaden finanziell ganz erheblich geschädigt. Diese Personen, gehen gezielt und gewieft vor, hinterlassen zunächst einen guten Eindruck, entrichten die erste Miete und die Kaution. Danach stellen sie alle weiteren Zahlungen ein. Zwar sieht das Gesetz die Möglichkeit der fristlosen Kündigung vor, die Praxis zeigt jedoch, dass bis zu 15 Monate vergehen können, bis der Mieter dann zwangsweise die Wohnung verlässt. Mietnomaden mieten kaum Wohnungen über einen Makler, da sie mit dessen Erfahrung eher entlarvt werden, als vom unerfahrenen Vermieter.

3. Welche Schäden *„Messis"* durch Verwahrlosung der Wohnung und die Beeinträchtigung der anderen Mieter anrichten, ist hinlänglich bekannt.

4. Zusätzlich zu den ausgefallenen Mieten hat der Vermieter noch die Kosten für das Gerichtsverfahren (vom Rechtsanwalt bis hin zum Gerichtsvollzieher), die Kosten des Umzugsunternehmens und die der Renovierung zu tragen. Sehr schnell addieren sich hier Beträge bei einer nur mittelgroßen Wohnung auf 15.000 EUR, die der Vermieter zu tragen hat und die durch die kalkulatorischen 2 Prozent Mietausfallrisiko nicht zu kompensieren

sind. Dabei darf nicht vergessen werden, dass in dieser Zeit vom Vermieter die Kredit- und Nebenkosten weiter zu bedienen sind. Schon mancher konnte das finanziell nicht verkraften.

5. Übrigens: Es ist erwiesen, dass 1/3 aller Vermieter mit ihren Mieteinnahmen keine Überschüsse erzielen. Das Bestellerprinzip und die Mietpreisbremse erschweren dies noch zusätzlich. Der Anreiz, in Immobilien zu investieren, wird immer geringer, was mit ursächlich für das massiv zurückgegangene Neubauvolumen der letzten 20 Jahre bis zum Jahr 2014 ist. Dadurch wird es den Bürgern erschwert, die dritte Säule der Altersversorgung, die miet- und schuldenfreie Immobilie im Alter, aufzubauen. Zu allem Übel erhöhten, meist sozialdemokratisch regierte Bundesländer, die Grunderwerbsteuer von ursprünglich einmal 2,5 auf bis zu 6,5 Prozent!

6. Leider verlassen Mieter immer wieder, im Wissen dessen, dass der Vermieter am kürzeren Hebel sitzt, die Wohnung in einem nicht vertragskonformen Zustand und werfen zum Zeichen der „Übergabe" den Wohnungsschlüssel einfach in den Briefkasten.

7. Ausziehende Mieter stoppen nicht selten gleich mit der Kündigung ihre Mietzahlungen, wodurch der Vermieter gezwungen ist, die Kaution mit der Miete zu verrechnen. Damit wird ihm die Möglich-

keit entzogen, mit der Kaution die vom Mieter hinterlassenen Schäden zu beseitigen oder Nebenkostennachzahlungen auszugleichen. Erst das Gericht zu bemühen und ein Beweissicherungsverfahren einzuleiten ist ein langer Weg, der den Vermieter in allen Fällen teuer zu stehen kommt, weshalb er notgedrungen auf eigene Kosten diese erforderlichen Arbeiten durchführen lässt.

8. Kündigende Mieter verwehren dem Vermieter zuweilen, die Wohnung Interessenten zu zeigen oder es werden Besichtigungstermine nicht ermöglicht oder nicht eingehalten. In einigen Fällen kann daher die Wohnung erst dann Interessenten gezeigt werden, wenn der bisherige Mieter ausgezogen ist.

9. Zu denjenigen, die Besichtigungstermine nicht einhalten und den Vermieter oder den Makler zwingen, unverrichteter Dinge wieder abzufahren, gehören auch ca. 30 Prozent der Mietinteressenten! Kein Wunder, dass da einige Makler zur *"Open-House-Besichtigung"* übergegangen sind.

Fazit: Vom Bestellerprinzip werden auch Vermieter massiv benachteiligt. Dies ist mit einer der Gründe, warum die Neubautätigkeit nicht so recht in Schwung kommt. Die Investitionsbereitschaft der Bürger mittleren Einkommens, eine Immobilie, und sei es *"nur"*, um sie zu vermieten, nimmt immer mehr ab. So ist es auch kein Wunder, dass

Deutschland bei der Eigentumsquote immer noch auf den hinteren Plätzen der Europäischen Länder liegt.

4.3 Das Bestellerprinzip vernichtet Maklerexistenzen

Im Jahr 1971 führte die Regierung Brandt/Scheel das Wohnungsvermittlungsgesetz ein. Es sah vor, dass der Makler vom Wohnungssuchenden bei erfolgreicher Vermittlung eines Mietvertrages eine Provision von zwei Monatsmieten zuzüglich Mehrwertsteuer verlangen darf. Auf jahrzehntelang gültigen Grundlage wurden zigtausend Existenzen aufgebaut und Mitarbeiter eingestellt.

Im Referentenentwurf schätzte der Gesetzgeber den Umsatzausfall für Makler durch das Bestellerprinzip auf 573 Mio. EUR im Jahr. Dem stünden Einnahmen aus Vermieterprovisionen von geschätzt 94 Mio. EUR gegenüber. Im Saldo hätten Wohnungsmakler einen Umsatzverlust von 479 Mio. EUR im Jahr zu erleiden, so der Ansatz des Gesetzgebers.

Das bedeutet: Hat ein Wohnungsmakler angenommen 50.000 EUR Umsatz aus Vermietungen im Jahr erzielt, würden ca. 9.500 Makler früher oder später in ihrer Existenz bedroht sein. Nimmt man ferner an, dass ein Wohnungsmakler mindestens eine Angestellte beschäftigt, so fallen dem Bestellerprinzip nochmals so viele Arbeitsplätze zum Opfer.

Ganz zu schweigen von den weggefallenen Steuereinnahmen (ja, auch Makler zahlen Steuern) und die für die von der Arbeitslosigkeit Betroffenen zu zahlende Sozialhilfe. Einer der klagenden Makler hatte bereits während der Verfassungsbeschwerde Hartz IV beantragt.

Das Bestellerprinzip greift somit elementar in die in Art. 12 Grundgesetz gewährte Berufs- und Vertragsfreiheit ein. Denn im Grunde genommen geht es nicht um die Begrenzung eines Entgelts, sondern letztlich um das Verbot, mit dem Wohnungssuchenden einen provisionspflichtigen Vermittlungsvertrag abschließen zu können.

Das Bestellerprinzip führt auch zu einem (weiteren) Vertrauensverlust gegenüber der Politik. Infolge des 1971 in Kraft getretenen WoVermittG hat sich eine ganze Branche auf die Funktion des Wohnungsvermittlers eingestellt und dessen Dienstleistungen in Anspruch genommen. Mit ihrer jahrzehntelangen Arbeit haben sich Wohnungsvermittler bei Vermietern, Wohnungsbaugesellschaften und Wohnungssuchenden gleichermaßen eine Vertrauensposition geschaffen. Vertrauen ist im Wirtschaftsleben ein sehr wertvolles Gut! Dieses Betriebsvermögen wurde mit nur einem Wort, dem Wort *„ausschließlich"* vernichtet!

Zur Erinnerung: Das Bestellerprinzip sollte ursprünglich nur in angespannten Wohnungsmärkten gelten, so wie es bei der Mietpreisbremse letztlich auch gehandhabt wurde. Doch das Bestellerprinzip wurde, ohne die Ungleichheit der Märkte zu berücksichtigen und entgegen des

Koalitionsvertrages bundesweit eingeführt, und das, obwohl sich nur 21,4 Prozent aller Wohnungen in den zehn größten Städten in angespannten Märkten befinden!

Das gesetzliche Leitbild des Maklers wurde mit dem Bestellerprinzip aufgegeben!

Der Gesetzgeber hatte bisher ein eindeutiges Bild vom Berufsbild des Maklers: die Vermittlungs- oder Nachweistätigkeit mit der Aussicht, beim Zusammenbringen von Vertragsparteien eine Provision verdienen zu können.

In den überwiegenden Fällen nahm der Makler die beidseitigen Interessen der Mietvertragsparteien wahr, was in seiner Doppeltätigkeit zum Ausdruck kam. Das Bestellerprinzip bedeutet jetzt ein faktisches Verbot der Doppeltätigkeit. Damit wird der Makler zur Partei des Bestellers, was in den Augen der Gesetzgeber der Vermieter ist. (Es wird noch darauf eingegangen, dass diese Sichtweise der BGH-Rechtsprechung widerspricht!).

Die ausgleichende Funktion des Maklers zugunsten des Mietsuchenden fällt weg. Das seit mehr als einhundert Jahren bestehende gesetzliche und praktizierte Leitbild des Maklerberufes wurde dem Bestellerprinzip geopfert.

4.4 Der Makler als Kaufmann in der Wohnungswirtschaft

Der Wohnungsmakler ist Kaufmann. Er übt einen ehrenwerten Beruf aus und hat das legitime Recht, neben der Deckung seiner Ausgaben Gewinne zu erwirtschaften.

Wie in jeder Branche üblich, wird ein Teil der erbrachten Gesamtleistung von demjenigen bezahlt, der das Produkt kauft oder die Dienstleistung in Anspruch nimmt. Das ist beim Autokauf so, beim Lebensmittelkauf, beim Abschluss einer Versicherung, eigentlich überall. Der Unterschied zum Makler ist nur, dass die Marge des Händlers oder die Provision des Versicherungskaufmanns im Endpreis oder in der Prämie enthalten sind. Beim Makler ist dessen Marge sichtbarer, und damit so transparent, wie in kaum einer anderen Branche. Dies darf ihm aber doch nicht zum Nachteil gereichen. Im Gegenteil!

Der Makler erhält nur dann ein Honorar (Provision), wenn seine Leistung zum Erfolg geführt hat. Es ist unter Anwendung kaufmännischer Grundsätze logisch, dass in seine Gebührenkalkulation erbrachte, aber nicht zum Erfolg geführte Leistungen einfließen müssen. Es ist einfach unverständlich, dass dieser selbstverständliche betriebswirtschaftliche Grundsatz durch die Medien so negativ bewertet wird und sich Politiker haben davon beeinflussen lassen!

4.5 Die Irreführung der Bürger mit der Aussage „*Wer bestellt, der bezahlt*"

Wie schon beim Vermieter-*"Auftrag"* geschildert, verwendet der Gesetzgeber die ein und dieselbe Bezeichnung unterschiedlich und damit irreführend. Beim Bestellerprinzip ist dies zusammen mit der Verknüpfung der an sich logischen Aussage, *„Wer bestellt, der bezahlt!"* besonders verwerflich!

Im Jahr 2012 hatte der Bundesgerichtshof einen Fall zu entscheiden, in dem es darum ging, ob durch ein Internetinserat eines Immobilienmaklers in Verbindung mit der daraufhin erfolgten Inanspruchnahme seiner Leistung ein Maklervertrag und damit gegenüber dem Makler eine Provisionspflicht entsteht. Der BGH führt u.a. aus:

„Ein Angebot auf Abschluss eines Maklervertrags ist grundsätzlich noch nicht in einer Zeitungs- oder Internetanzeige des Maklers, wie hier der Klägerin im Internetportal ImmobilienScout24, zu sehen. Ein Vertragsschluss kommt deshalb regelmäßig noch nicht dadurch zustande, dass ein Makler mit Zeitungs- oder Internetanzeigen werbend im geschäftlichen Verkehr auftritt und sich der Interessent daraufhin von sich aus an ihn wendet. Es handelt sich bei solchen Inseraten lediglich um eine invitatio ad offerendum, denn damit wendet sich der Makler an einen unbestimmten Kreis von potentiellen Interessenten.

Eine dadurch veranlasste Kontaktaufnahme des Interessenten mit dem Makler kann aber dann zum Abschluss eines Maklervertrags führen, wenn der Makler sein Provisionsverlangen im Inserat bereits ausdrücklich und unmissverständlich zum Ausdruck gebracht hat.

Weist er in einem Zeitungs- oder im Internetinserat eindeutig auf die fällig werdende Maklerprovision hin, so dass der Interessent von einer eigenen Provisionspflicht ausgehen kann, und erhält dieser auf seine daraufhin erfolgte Anfrage Namen und Anschrift des Verkäufers, löst dies den Anspruch auf Zahlung der Provision aus. Die Bezugnahme des Interessenten auf diese Anzeige bestimmt dabei den Inhalt des Nachweis- oder Vermittlungsersuchens so, dass der Makler von einem <u>Angebot auf Abschluss eines solchen Maklervertrags</u> ausgehen kann, nachdem er sein Provisionsverlangen zunächst ohne Preisgabe der Vertragsgelegenheit in seinem Inserat hinreichend deutlich geäußert hatte". (BGH 03.05.2012 – AZ: II ZR 62/1)

Der BGH stellte also in seinem Urteil klar, dass der derjenige, der sich an den Makler wendet diesem ein Angebot auf Abschluss eines Maklervertrages unterbreitet. Ergo wäre der <u>Mieter</u>, der infolge eines Inserates auf den Makler zukommt, der Auftraggeber und damit <u>der Besteller</u> der Maklerleistung. Damit wird die Aussage, *"Wer bestellt soll auch bezahlen!"* als falsch entlarvt. Denn sie suggeriert, dass der Vermieter der Besteller der

Maklerleistung ist, was der BGH ganz anders bewertet. **Deshalb handelt es sich bei dem eingeführten Bestellerprinzip um ein *„unechtes" Bestellerprinzip*!**

Während bei einem *„echten Bestellerprinzip"* sowohl der Vermieter als auch der Wohnungssuchende den Makler provisionspflichtig beauftragen können, kann dies der Suchende beim *„unechten Bestellerprinzip"* nur in extremem Ausnahmesituationen.

4.6 Die falsche Wahrnehmung der Maklerleistung und seiner Honorierung

Bei dieser Gelegenheit soll auf die so oft für die Fehlentwicklung herangezogene *„Open-House-Besichtigung"* eingegangen werden.

In den Medien wurde gerne folgendes Schreckensszenarium gezeichnet: Der (geldgierige und unsichtbare) Eigentümer beauftragt einen (geldgierigen und faulen) Makler, der es sich einfach macht. Statt jedem der vielen Interessenten einzeln die betreffende Wohnung zu zeigen, lädt er zu einer *„Open-House-Besichtigung"* ein. Infolge dessen bilden sich vor dem Objekt Menschenschlangen - von der Wohnungseingangstür bis auf die Straße. (Weder die Vermieter noch die Wohnungsmakler sind Verursacher dieser Situation, sondern die Wohnungsknappheit als Folge verfehlter Wohnungsbaupolitik!). Am Ende erhält er für einmal Türaufschließen eine ungerechtfertigt hohe Provision.

Doch selbst wenn angenommen 30 Personen zum „*Open-House*" kamen, erbrachte der Wohnungsmakler für jeden einzelnen Interessenten eine Dienstleistung. Selbstredend konnte nur ein Interessent der neue Mieter sein. Die anderen 29 Interessenten haben seine Dienstleistung, auch ohne dass sie dafür etwas bezahlen mussten, in Anspruch genommen. Es ist bekannt, dass Interessenten 8 – 10 Wohnungen besichtigen, bevor sie sich für eine entscheiden.

Fazit: Ein Immobilienmakler muss wie jeder Kaufmann seine Kosten aus seinen Erlösen decken. Da er im Gegensatz zu einem Arzt, Rechtsanwalt oder Steuerberater keine Rechnung für seine vielleicht sogar erfolglose Leistung stellen kann, muss er sein Honorar so kalkulieren, dass damit auch die Kosten der anderen erbrachten Leistungen gedeckt werden. Das erscheint demjenigen, der die Provision am Ende zu zahlen hat, als hoch, ist aber systemimmanent!

5 Mieterprovision trotz Bestellerprinzip - Vom Problem zur Lösung

5.1 Das Problem

Wie in den vorangegangenen Kapiteln ausführlich erläutert wurde, hat das Wörtchen „*ausschließlich*" für viele Wohnungsmakler im Ergebnis zu drastischen Umsatzeinbußen geführt.

Wie Sie im Folgenden erfahren werden, gibt es nach wie vor Möglichkeiten, legal vom Mieter einen provisionspflichtigen Auftrag zu erhalten. Sie werden wahrscheinlich mehr als überrascht sein, wie einfach es geht und Sie Umsatzhürden überwinden können!

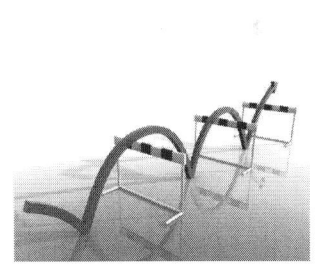

Viele Makler wird es erfreuen, dass nunmehr dieser Weg aufgezeigt wird. Ebenso Mieter, die nach wie vor gerne gegen Honorar einen Wohnungsvermittler eingeschaltet hätten, was ihnen das Gesetz ja so gut wie verwehrte. Gleiches gilt für die Vermieter. Auf das vorangegangene 4. Kapitel sei wird verwiesen.

Trotz aller Freude soll darauf hingewiesen werden, dass die Vermittlung im Auftrag des Vermieters gegen Provision nach wie vor eine gute Alternative darstellt. Den Autoren sind einige Maklerbüros bekannt, die dies erfolgreich praktizieren und nicht mehr vom eingeschlagenen Weg abweichen wollen. Ebenso wird es Makler geben, die nicht mehr zur Wohnungsvermittlung zurückkehren wollen, weil sie sich erfolgreich umorientiert haben.

Der einschlägige Gesetzestext des § 2 Abs. 1a des WoVermittG, mit dem man glaubte, die provisionspflichtige Wohnungsvermittlung durch den Wohnungsvermittler so gut wie auszuschließen, lautet:

*„Der Wohnungsvermittler darf vom Wohnungssuchenden für die Vermittlung oder den Nachweis der Gelegenheit zum Abschluss von Mietverträgen über Wohnräume kein Entgelt fordern, sich versprechen lassen oder annehmen, es sei denn, der Wohnungsvermittler holt **ausschließlich** wegen des Vermittlungsvertrags mit dem Wohnungssuchenden vom Vermieter oder von einem anderen Berechtigten den Auftrag ein, die Wohnung anzubieten."*

Ausschließlich ist hier im Sinne von alleinig, exklusiv oder uneingeschränkt zu verstehen.

Im Klartext: Ein Wohnungsvermittler darf zu dem Zeitpunkt, in dem der Wohnungssuchende auf ihn zukommt und ihn mit der Suche nach einer passenden Wohnung beauftragt die zu vermittelnde Wohnung weder in seinem Bestand noch vom Vermieter dazu einen Vermietungsauftrag erhalten haben oder parallel dazu erhalten, wenn er bei Abschluss des Mietvertrages zwischen dem Vermieter und dem Wohnungssuchenden von diesem für seine Nachweis- oder Vermittlungstätigkeit eine Vermittlungsprovision begehrt.

5.2 Die Lösung

Der nachfolgend vorgeschlagene Lösungsweg ist rechtskonform und praktikabel! Sie müssen allerdings Ihre frühere Vorgehensweise modifizieren, sich an die hier beschriebene Abfolge halten sowie über die richtigen Formulare und Werkzeuge verfügen.

Bei der (neuen) Vorgehensweise ist es zwingend, frühere Handlungsabläufe an die neuen Gegebenheiten anzupassen. Haben Sie früher damit begonnen, erst die zu vermietende Wohnung zu akquirieren und dann den passenden Mieter zu suchen, so beginnt heute die Vorgehensweise mit dem Akquirieren des Wohnungssuchenden. Sie müssen also *„rückwärts"* denken. Erst nachdem Sie den Suchauftrag erhalten, suchen Sie die passende Wohnung!

Ferner ist es sinnvoll, die nachfolgend beschriebenen Software-Programme einzusetzen!

Die jetzt folgende Vorgehensweise muss unbedingt eingehalten werden, damit der Provisionsanspruch nicht gefährdet wird!

5.2.1 Die Akquise von rechtssicheren Suchaufträgen

Wohnungssuchende müssen erfahren, dass Sie (wieder) als Vermietungsmakler tätig sind. Dazu bieten sich die modernen Medien, wie beispielsweise Facebook, XING oder Ihre Webseite an. Eventuell eignen sich auch Immobilienportale, wenn dies deren Geschäftsbedingungen zulassen. Natürlich kommt auch die örtliche Zeitung in Frage, in der Sie Suchanzeigen aufgeben. Auch bei öffentlichen Vorträgen, Büroveranstaltungen, mit Flyern oder gar der Kinowerbung kann darauf hingewiesen werden.

Zu überlegen ist auch die Aufnahme in die Gelben Seiten, dem Örtlichen oder auch anderen Portalen, die teilweise kostenlose Firmeneinträge anbieten. Wenn Sie danach googeln, werden Sie fündig.

Ihr grundlegender Vorteil ist: Sie sind aller Wahrscheinlichkeit nach der Einzige in Ihrer Umgebung, der diese Leistung (wieder) erbringt, was zu einem Alleinstellungsmerkmal und einem entscheidenden Wettbewerbsvorteil führt.

Des Weiteren ist es Ihre Aufgabe, mit Vermietern in Kontakt zu treten und Ihre Dienstleistung anzubieten. Die Nutzung der früheren Vermieterdaten bietet sich dazu gerade an. Dies kann, allerdings nur zu Beginn, auch ohne Honorierung erfolgen, denn der Zweck heiligt die Mittel. Denn es geht zunächst und ganz primär darum, dass Sie in der Öffentlichkeit wieder als Vermietungsmakler wahrgenommen werden, weil Sie zu vermietende Wohnungen inserieren.

Da es sich in diesem Fall um *„Bestandswohnungen"* handelt, haben Sie zumindest gegenüber dem Wohnungssuchenden keinen Provisionsanspruch. Aber: Sie bauen die

Verbindung zu Immobilieneigentümern auf, können mit Ihren profunden Kenntnissen wertvolle Hilfestellungen geben, werden als Vermietungsmakler in Ihrer Region wahrgenommen und generieren vielleicht sogar auf diesem Wege neue Verkaufsaufträge. Meldet sich ein Mietinteressent auf eine von Ihnen inserierte Wohnung und Sie haben diese gerade vermietet, können Sie ihm anbieten, Sie mit der Suche zu beauftragen.

5.2.2 Das Bearbeiten von Suchaufträgen

Das Akquirieren von Suchaufträgen ist das Eine, deren weitere Bearbeitung das Andere. Zu Beginn können Sie das vielleicht noch händisch erledigen. Viel praktikabler ist es, wenn Sie ein Formular mit allen erforderlichen Erläuterungen auf Ihrer Webseite einbinden, das der Wohnungssuchende ausfüllt. Sie glauben gar nicht, wie viele Mieter es gibt, die gerne wieder Ihre Dienstleistungen als Wohnungsmaklers annehmen. Denken Sie nur an die vielen in Kapitel 4 aufgeführten Nachteile, die der Mieter durch das *„unechte"* Bestellerprinzip hat.

Makler, die diesen Weg so praktizieren, sind begeistert. Denn es handelt sich hierbei ja um qualifizierte Aufträge, weshalb eine gute Vermittlungsquote erzielt wird. Selbst wenn täglich nur eine Wohnung vermittelt werden würde, wäre das schon ein gewaltiger Umsatzzuwachs!

Haben Sie einen ITler an der Hand, kann er Ihnen vielleicht das webbasierte Formular entwerfen und implementieren. Ob er auch über die Kenntnisse zur Widerrufsbelehrung, die Aufforderung an den Makler zum Tätigwerden usw. verfügt? Die Kosten können leicht bei 1.000 EUR liegen. Viel einfacher und zudem kostengünstiger geht es jedoch mit einer bereits vorhandenen und durchdachten, mit allen erforderlichen Features und Automatisierungen versehenen Software. Diese können Sie einfach in Ihre Webseite integrieren. Hier bieten wir Ihnen in Kooperation mit einem Software-Entwickler die Möglichkeit an, alles kostengünstig erledigen zu lassen. Dieser übernimmt auch die Personalisierung und die Farbgebung. Außerdem legt er einen eigenen E-Mail-Klienten an und integriert alles in Ihre Website. Sie sehen, es ist alles vorbereitet, Sie müssen es nur abrufen und nutzen!

<u>Hinweis</u>: Diese Software wurde eigens für diese neue Vorgehensweise entwickelt und kann Ihnen zur Verfügung gestellt werden. Die mit ihr generierten Suchaufträge gehen direkt in Ihr spezielles E-Mail-Postfach. Mit der Anwendung des Double-Opt-In-Verfahrens kann kein Interessent mehr behaupten, keinen Suchauftrag erteilt zu haben. Ferner erhält der Interessent eine Kopie seines Suchauftrages und eine Bestätigung des Maklerbüros. Somit sind die gesetzlichen Anforderungen an die Textform erfüllt.

Vor dem Absenden des Suchauftrages kann der Interessent die Widerrufsbelehrung einsehen und die Kenntnisnahme bestätigen. Danach hat er die Wahl, den Suchauftrag sofort zu aktivieren und damit den Makler aufzufordern, umgehend für ihn auf die Suche zu gehen oder erst nach Ablauf der Widerrufsfrist von 14 Tagen.

Der Makler und der Suchende erhalten jeweils eine Ausfertigung des Suchauftrages mit Widerrufsbelehrung und Widerrufsformular. Der Makler weiß damit, dass ein Suchauftrag eingegangen ist. Geht er in seinen Admin-Bereich, kann er dort die *„Bestellungen"* einsehen. Jetzt hat er die Wahl, ob er den Suchauftrag akzeptieren will oder nicht. Denn möglicherweise hat er Gründe, den Suchauftrag nicht annehmen zu wollen. Nimmt er ihn an, erhält der Suchende eine Bestätigung seines Auftrages und dessen Annahme, womit der Maklervertrag zustande gekommen ist. So wird in einem in sich geschlossenen System auch die erforderliche Nachweiserbringung sichergestellt.

Doch es geht noch einen Schritt weiter: Jeder Vorgang zu jedem Suchauftrag wird protokolliert. Damit wird noch deutlicher, dass der Makler den Suchauftrag individuell und eigens für den Suchenden bearbeitet hat. So kann niemand behaupten, er sei mit dem Suchauftrag in die Irre geführt worden. Was, wie später noch erläutert wird, auch Gerichte bestätigt haben.

5.2.3 Vom Suchauftrag zum Objekt

Jetzt gehen Sie extra, eigens und damit *„ausschließlich"* für diesen Interessenten auf die Suche und recherchieren nach der gewünschten Wohnung.

Entweder Sie wissen selbst, wie das geht oder Sie nehmen die Dienstleistung unseres Service-Providers in Anspruch. Dieser scannt in Ihrem Auftrag den Wohnungsmarkt nach den gewünschten Selektionskriterien wie Größe, Preis, Ort usw., selektiert alle infrage kommenden Wohnungen und stellt Ihnen das Ergebnis zur Verfügung.

Wir haben einmal an einem zufällig gewählten Tag eine derartige Recherche für privat zu vermietende Wohnungen durchführen lassen. Dabei wurde bewusst nicht in den Hotspots recherchiert. Denn so ist ersichtlich, wie ergiebig die Marktrecherche des Service-Providers selbst in nur kleineren oder mittelgroßen Städten war. Hier die Ergebnisse der Test-Suchläufe, die alle Angaben enthielten, um mit einem Vermieter in Kontakt treten zu können:

- 2 ZKB Würzburg-Altstadt   49 Treffer
- 3 ZKB Frankenthal   43 Treffer
- 4 ZKB Mannheim-Neuostheim   109 Treffer
- 2 ZKB Heidelberg-Rohrbach   15 Treffer
- 3 ZKB Marktheidenfeld   8 Treffer
- 3 ZKB Bad Tölz   22 Treffer

Falls Sie auch an Gemeinschaftsgeschäften interessiert sein sollten, können auch Maklerangebote einbezogen werden. Voraussetzung ist natürlich, dass der andere Makler zur Provisionsteilung bereit ist.

5.2.4 Die Marktrecherche unter Zuhilfenahme eines Service-Providers

Es war jetzt wiederholt von einer Marktrecherche und Scannen des Marktes mit Hilfe eines Service-Providers die Rede. Vielleicht kennen Sie ja eine ähnliche Software, mit der Sie selbst den Markt scannen können. Die Hinzuziehung unseres Service-Providers hat aber für Sie mehrere, unschlagbare Vorteile:

- Die monatlichen Lizenz-Gebühren betragen etwa nur die Hälfte dessen, was auf dem Markt angeboten wird.

- Sie selbst oder Ihr Personal sind von der aufwendigen Interessenten- und Wohnungssuche befreit. Sie können sich ganz der Vermietung widmen.

- Die Marktrecherche erfolgt ohne Mehrkosten bundesweit, also ohne PLZ-Begrenzung.

- Sie werden zwei Monate lang ggf. stündlich über jede neu auf den Markt kommende Wohnung informiert, sofern sie Ihre Kriterien erfüllt und Sie die Recherche nicht stoppen, weil sie sich erledigt hat.

- Jeder Suchauftrag wird personalisiert, so dass eine Zuordnung zu Ihnen als Makler und dem Suchenden gewährleistet ist.

- Mit jedem Suchauftrag wird nachweislich der Markt neu gescannt.

- Das Scannen des Marktes erfolgt nicht von Ihnen oder Ihrem Mitarbeiter, was im Streitfalle Ihre Provisionsansprüche gefährdet. Der Service-Provider ist ein von Ihnen unabhängiger Dritter, der gegebenfalls zu Ihren Gunsten an Eides Statt bestätigen kann, wann Sie die Recherche in Auftrag geben haben und dass diese, sofern Sie die hier vorgeschlagene Vorgehensweise eingehalten haben, nach Erteilung des Suchauftrages erfolgte.

- Mit dem Einsatz der Software-Programme werden Sie nicht alleine gelassen, sondern werden betreut, bis Sie alles eigenständig beherrschen.

- Sie erhalten nicht nur die Software-Programme, sondern auch alles, was Sie sonst noch benötigen - vom Musterschreiben bis hin zur Vertragsgestaltung.

- Mit Anwendung dieser Vorgehensweise und dem Einsatz der Software-Programme halten Sie die gesetzlichen Bestimmungen des Bestellerprinzips ein!

5.2.5 Bezug und Einführung in die Software

Wenn Sie Interesse daran haben, die beschriebenen Software-Programme anzuwenden und damit wieder erfolgreich Vermietungen mit Provision vom Vermieter tätigen zu wollen, dann wenden Sie sich direkt an

MyEsytate24
Telefon (08656) 98 98 258
www.myestate24-suchauftrag.de
E-Mail: info@myestate24.de.

Hier bekommen Sie im Detail die Software-Tools erläutert und können deren Einsatz abwägen und prüfen, ob es sich für Sie eignet und lohnt.

Aber das ist nicht alles: Haben Sie sich für diesen Lösungsweg und den Einsatz der Programme entschieden, werden Sie in dem Maß weiter betreut, wie es erforderlich ist. Das hat der Service-Provider uns gegenüber zugesagt.

Zudem kann jeder, der dieses Buch erworben hat und jeder Anwender kostenlos an Info-Webinaren teilnehmen. So vertiefen Sie Ihr Wissen und können Ihre Erfahrungen mit denen der anderen Anwender teilen. Denn wir wollen, dass Sie wieder mehr Umsatz generieren. Die Wohnungsvermittlung ist so wie früher, dafür bestens geeignet!

5.2.6 Vom gefundenen Objekt zur Vermieterzustimmung

Jetzt ist es so weit. Sie haben eine für den Wohnungssuchenden geeignete Wohnung gefunden. Als nächstes brauchen Sie die die Zustimmung des Vermieters, die Wohnung (für ihn kostenfrei) diesem Interessenten, und keinem anderen, anbieten zu können. Mietet dieser Interessent die Wohnung nicht, erlischt die Zustimmung! Übrigens: Auch dafür werden Ihnen die erforderlichen Unterlagen zur Verfügung gestellt.

Es genügt zwar jede ausdrückliche, konkludente, schriftlich oder mündlich erklärte Zustimmung des Vermieters zur Vermittlung dieser betreffenden Wohnung durch den Makler. Es bedarf also eigentlich keiner Textform! Aber: Zum Nachweis der erteilten Zustimmung, zur Dokumentation der Zeitfolge (Suchauftrag – Vermieterzustimmung) und damit der Absicherung Ihres Provisionsanspruches empfiehlt es sich, unbedingt nachweislich die Vermieterzustimmung, am besten schriftlich, per E-Mail oder unter Zeugen zu erhalten.

5.2.7 Die gefundenen Wohnungen werden dem Interessenten angeboten

Jetzt läuft alles Weitere in gewohnter Weise ab. Sie lassen sich vom Interessenten den Nachweis bestätigen, zeigen ihm die Wohnung, vermitteln zwischen ihm und dem Vermieter, stellen ihn vor und wenn alles stimmt, kommt es zum Abschluss des Mietvertrages. Sie haben unter Beachtung des Bestellerprinzips Ihre Mieterprovision verdient!

5.2.8 Was ist, wenn die Wohnung „*verbrannt*" ist?

So ein Pech aber auch: Trotz aller Anstrengungen und obwohl alles so gut passte, mietet der Suchende die Wohnung nicht. Was auch nichts Außergewöhnliches wäre. Suchende schauen sich bekanntermaßen bis zu 10 Wohnungen an, bis sie das Passende gefunden haben.

So, wie Sie es vermutlich bisher gehandhabt haben, konnten Sie die nicht gemieteten Wohnungen keinen weiteren Interessenten mehr anbieten, denn sie war „*verbrannt*". Jedenfalls nicht gegen Zahlung einer Provision. Doch hier kommt eine weitere Lösung!

Wie oben beschrieben, haben Sie vom Vermieter die Zustimmung erhalten, seine Wohnung Ihrem Interessenten, aber nur diesem anbieten zu dürfen. Diese Zustimmung wurde also nur unter der Bedingung erteilt, dass mit <u>diesem</u> Interessenten der Mietvertrag zustande kommt. Ist das nicht der Fall, erlischt die erteilte Zustimmung.

Kommt jetzt ein anderer Interessent für diese Wohnung in Frage, konnten Sie ihm nach der bisherigen Vorgehensweise die Ihnen schon bekannte Wohnung nicht mehr gegen Provision anbieten, denn sie war „*verbrannt*". Zudem liegt Ihnen seitens des Vermieters keine Genehmigung mehr vor, die Wohnung einem Interessenten anbieten zu dürfen. Was tun Sie jetzt?

Ganz einfach: Sie wenden sich wieder an den Service-Provider und beauftragen ihn, den Markt nach Wohnungen, die den Kriterien <u>dieses</u> (neuen) Suchenden entsprechen, zu scannen. Der Provider wird fündig, gibt Ihnen die infrage kommenden Wohnungen anhand und Sie können vom Vermieter für <u>diesen</u> Interessenten eine erneute Zustimmung einholen.

Doch was ist, wenn sich nun die selbe Wohnung, die Sie bereits dem ersten Interessenten gezeigt haben, unter den selektierten Objekten befindet? Kein Problem: Sie haben ja nachweislich eigens (Ablauf, Datum, Uhrzeit!) und damit *„ausschließlich"* für diesen zweiten Interessenten gesucht. Ihr Wissen um die zu vermietende Wohnung wurde nicht eingesetzt; Sie wurden eigens für den Suchenden tätig. Dass diese Wohnung noch nicht vermietet wurde, kann Ihnen nicht angelastet werden.

So einfach geht Vermietung mit Provision vom Mieter heute (wieder)!

Sie brauchen nur neben dem Fachwissen, die richtigen Formulare, die erforderlichen Formschreiben, den auf Ihrer Webseite integrierten Suchauftrag sowie einen Service-Provider, der für Sie den Markt scannt.

5.3 Fallkonstellationen

Anhand einiger Praxisbeispiele soll veranschaulicht werden, dass der neue Lösungsweg praktikabel und gesetzeskonform ist.

<u>Hinweis</u>: Alle im Folgenden genannten Namen stehen in keinem Zusammenhang zu tatsächlich lebenden Personen

oder existierenden Firmen. Namensgleichheiten wären rein zufällig!

Fall 1: Der Bundestagsabgeordnete Hans Pauli

Hans Pauli aus Bayern wird in den Bundestag gewählt. Er sucht in Berlin eine geeignete Mietwohnung und ist bereit, einem Makler eine Provision zu zahlen. In Anbetracht der großen Entfernung möchte er es sich so einfach wie möglich machen. Am liebsten wäre es ihm, gleich bei der ersten Besichtigungstour die richtige Wohnung zu finden. Am besten wäre es, er müsste nur einmal an einem Samstag nach Berlin kommen und könnte sich 6 bis 8 Wohnungen ansehen.

Ihm wird die Berliner Maklerfirma Sander empfohlen. Er geht auf deren Webseite, füllt das vorbereitete Online-Formular aus, äußert seine Wünsche für die neue Wohnung, sendet seine Anfrage ab und erteilt damit der Maklerfirma den Suchauftrag. Innerhalb weniger Augenblicke erhält er von der Maklerfirma eine automatisierte Bestätigung. Der Maklervertrag ist zustande gekommen.

Sogleich scannt die Firma Sander den Markt selbst oder schaltet einen Service-Provider ein. Für die acht am ehesten in Frage kommenden Wohnungen nimmt sie Kontakt mit den Eigentümern auf und erhält von diesen die Zustimmung, ihre Wohnungen Herrn Pauli anbieten zu dürfen.

Herr Pauli kommt vereinbarungsgemäß an einem Samstag mit dem Flugzeug von München nach Berlin. Der Mitarbeiter der Firma Sander zeigt ihm nach und nach die acht Wohnungen. Nachdem Herr Pauli alle Wohnungen gesehen hat, entscheidet er sich für eine. In Folge kommt der Mietvertrag zustande. Da alle Voraussetzungen des Bestellerprinzips erfüllt sind, kann die Firma Sander ihren Provisionsanspruch gegenüber Herrn Pauli geltend machen.

Hinweis: Das soll den Verlautbarungen nach die bisher einzige Konstellation sein, bei der nach dem Bestellerprinzip ein Makler einen Provisionsanspruch gegenüber dem Wohnungssuchenden geltend machen kann. Allerdings wurden bei der Aktion sieben Wohnungen *„verbrannt"*.

Fall 2: Die *„verbrannten"* Wohnungen

Wie in Fall 1 geschildert, wurden Herrn Pauli acht Wohnungen gezeigt, eine gefiel ihm und der Mietvertrag kam zustande. Der Makler hat ihm gegenüber einen Provisionsanspruch.

Auch Herr Zimmer aus Schleswig-Holstein sucht eine Wohnung in Berlin und wendet sich an die Maklerfirma Sander. Er füllt auf deren Webseite das Suchformular aus und erteilt einen Suchauftrag. Die Maklerfirma Sander scannt den Markt selbst oder beauftragt wieder den Service-Provider. Recherchiert werden mehrere Wohnungen, darunter auch vier bereits schon einmal Herrn Pauli angebotene.

Das Problem: Nach der bisherigen Vorgehensweise waren die vier bereits von Herrn Pauli besichtigten Wohnungen *„verbrannt"* und hätten Herrn Zimmer nicht mehr provisionspflichtig angeboten werden können.

Die Lösung: Die Maklerfirma Sander hatte einst die Zustimmungen bei den Eigentümern ausschließlich für Herrn Pauli eingeholt. Nachdem Herrn Pauli die anderen Wohnungen nicht zusagten, erloschen vereinbarungsgemäß die eigens für ihn erteilten Vermieterzustimmungen.

Nachweislich wurde eigens für Herrn Zimmer eine neue Suchaktion mit seinen Vorgaben gestartet. Datum und Uhrzeit belegen dies. Die gesetzlich geforderte Ausschließlichkeit ist erfüllt. Dass unter den recherchierten Wohnungen nochmals die von Herrn Pauli besichtigten sind, ist nicht relevant, denn das Wissen um die zuvor für Herrn Pauli gesuchten Wohnungen ist nicht schädlich, zumal von dem Wissen nachweislich kein Gebrauch gemacht wurde. Vorteilhaft ist zudem, dass der von der Firma Sander unabhängige Serviceprovider guten Gewissens den neu erteilten Auftrag bestätigen kann.

Der Ablauf wiederholt sich nun wie im Fall Pauli. Die Zustimmungen der Vermieter für Herrn Zimmer werden eingeholt, die Wohnungen werden ihm gezeigt, eine gefällt ihm, der Mietvertrag kommt zustande, der Provisionsanspruch der Firma Sander gegenüber Herrn Zimmer ist entstanden.

Die Vermieterzustimmungen für die anderen Wohnungen erlöschen wieder und schon geht es beim nächsten Interessenten wieder von vorne los.

Fall 3: Die doppelte Versetzung

Die beiden Abteilungsleiter einer namhaften Kölner Firma, die Herren Dr. Benz und März werden nach Frankfurt versetzt. Herr Dr. Benz wendet sich an die dort ansässige Maklerfirma Top100 mit der Bitte, für ihn eine Wohnung zu finden. Herr Dr. Benz und Herr März vereinbaren, dass sich erst einmal Herr Dr. Benz die Wohnungen in Frankfurt zeigen lässt und Herrn März dann über seine Erfahrungen informiert.

Nachdem die Maklerfirma von Herrn Dr. Benz den Suchauftrag mit präzisen Vorgaben erhalten hat, scannt sie selbst oder über den Service-Provider den Markt nach in Frage kommende Wohnungen. Sie wendet sich an die vermietungswilligen Eigentümer und holt von diesen die Zustimmungen ein, Herrn Dr. Benz die Wohnungen anbieten zu können. Herrn Dr. Benz gefällt eine der gezeigten Wohnungen und mietet sie. Der Provisionsanspruch gegenüber Herrn Dr. Benz ist entstanden.

<u>Das Problem</u>: Die anderen Wohnungen sind jetzt dem Makler bekannt, er hat sie quasi in seinem Bestand. Er

könnte für eine dieser Wohnungen von Herrn März keine Provision mehr verlangen.

Die Lösung: Herr Dr. Benz hat vor der Besichtigung der Wohnungen gegenüber Top100 mit seiner Unterschrift bestätigt, dass sie ihm von der Maklerfirma nachgewiesen wurden und ihm bisher nicht bekannt waren. Ferner hat Herr Dr. Benz Vertraulichkeit für die ihm bekanntwerdenden Informationen zugesichert. Bei Missbrauch (z.B. Weitergabe an Dritte) wäre er verpflichtet, an Top100 Schadensersatz in Höhe der entgangenen Provision zu leisten.

Bei seiner Rückkehr nach Köln berichtet Herr Dr. Benz seinem Kollegen März von seinen Besichtigungen und glaubt, dass diesem eine der Wohnungen zusagen könnte. Im Wissen um seine erklärte Vertraulichkeit empfiehlt er Herrn März, sich mit Top100 in Verbindung zu setzen. (Anm.: Da beide Herren über keine Eigentümerdaten verfügen, könnte Herr März ohnehin nur über die Maklerfirma die Wohnung besichtigen.) Diese scannt nun eigens für ihn den Markt oder beauftragt wieder den Service-Provider. Da die Wohnung, die ihm gefallen könnte, noch nicht vermietet ist, taucht sie unter anderem in den Treffern auf. Top100 wendet sich an den vermietungswilligen Eigentümer und erhält die Zustimmung, Herrn März die Wohnung anbieten zu können. Dieser schließt in Folge den Mietvertrag mit dem Eigentümer ab. Die Firma Top100 hat einen Provisionsanspruch gegenüber Herrn März.

Hinweis: An diesem Beispiel zeigt sich recht gut der zusätzliche Vorteil beim Arbeiten mit einem Service-Provider. Würde Top100 selbst den Markt scannen, könnte es schwerfallen, die erneute und ausschließliche Suche für Herrn März zu belegen. Der Service-Provider könnte dies problemlos als Zeuge vor Gericht bestätigen.

Natürlich wäre es dem Makler auch möglich gewesen, mit dem Vermieter zu sprechen, ob dieser sich zur Zahlung einer Provision an ihn bereit erklärt, weil mit Herrn März gleich ein solventer Mietinteressent vermittelt werden kann.

Fall 4: Eine Automobilfirma sucht eine Wohnung

Eine namhafte Automobilfirma hat ein Problem, das nur ein spezieller Ingenieur aus den USA lösen kann. Sie bittet die Maklerfirma ImmoXXXL, für 6 Monate eine möblierte Wohnung für den Ingenieur zu finden. Der Mietvertrag soll mit der Automobilfirma abgeschlossen werden. Der Suchauftrag wird erteilt und es werden mehrere geeignete Wohnungen recherchiert. Für jede Wohnung holt die Firma ImmoXXXL von jedem Eigentümer die Zustimmung ein, sie der Automobilfirma zeigen zu können. Dem noch in Übersee weilenden Ingenieur werden die Wohnungen während der Besichtigung mittels FaceTime gezeigt; eine gefällt ihm. Die Automobilfirma schließt den Mietvertrag ab. Die Maklerfirma hat einen Provisionsanspruch gegenüber der Automobilfirma. Die Vermieterzustimmungen für die anderen Wohnungen erlöschen.

Fall 5: Der Ingenieur aus den USA

Die Situation ist die gleiche wie in Fall 4 mit dem einen Unterschied, dass der Ingenieur selbst der Mieter sein soll. Die Automobilfirma erteilt im Auftrag des Ingenieurs der Maklerfirma den Suchauftrag. Alles andere läuft genauso ab, wie in Fall 4 beschrieben. Der Ingenieur wird Mieter und schuldet der Maklerfirma die Provision.

Fall 6: Der aktive Vermieter

Ein Wohnungssuchender beauftragt die Maklerfirma Gut & Fröhlich eine geeignete Wohnung zu finden. Just in dem Augenblick informiert der Eigentümer, Herr König, mit dem schon lange eine vertrauliche Zusammenarbeit besteht, die Maklerfirma, dass ein Mieter gekündigt hat und seine Wohnung neu zu vermieten sei. Sie würde genau zu dem Wohnungssuchenden passen.

Das Problem: Da die Wohnung nicht ausschließlich für den Wohnungssuchenden recherchiert wurde, kann sie der Makler diesem nicht provisionspflichtig anbieten.

Die Lösung: Die Maklerfirma Gut & Fröhlich informiert Herrn König über die neuen Bestimmungen des Bestellerprinzips. Die Maklerfirma nimmt daher den Auftrag von Herrn König nicht an und nimmt sie nicht in ihren Bestand. Um Herrn König aus alter Verbundenheit heraus behilflich zu sein, bietet sie ihm an, dass sich der Service-Provider mit ihm in Verbindung setzt und die Wohnung aufnimmt, was dann auch der Fall ist.

Die Maklerfirma Gut & Fröhlich beauftragt, so wie in allen anderen Fällen auch, den Service-Provider den Markt nach einer geeigneten Wohnung zu scannen. Unter den recherchierten Wohnungen ist auch die des Herrn König. Alles Weitere läuft wie bereits geschildert ab.

Fall 7: Ein Nachmieter wird gesucht

Mieter Wolters hat einen Staffelmietvertrag abgeschlossen und sah es als Vorteil an, dass im Zuge dessen beidseitig das Kündigungsrecht für vier Jahre ausgeschlossen wurde. Für ihn überraschend bietet ihm nach nur zwei Jahren sein Arbeitgeber eine erheblich besser dotierte Stelle in Brasilien an. Herr Wolters ist begeistert und will den Mietvertrag kündigen, was ihm wegen Ausschluss des Kündigungsrechts nicht möglich ist. Ein Nachmieter wäre die Lösung.

Das Problem: Der WoVermittG sieht vor, dass die Zustimmung zur Vermietung nur vom Vermieter oder von einer zur Vermietung berechtigten Person erteilt werden kann. Herr Wolters ist weder das eine noch das andere.

Die Lösung: Herr Wolters fällt nicht unter die Bestimmungen des WoVermittG. Er wendet sich an die Maklerfirma Pfeuffer & Co. Diese klärt ihn über die Bestimmungen des WoVermittG auf. Hier heißt es in § 2 Abs. 1a:

„Der Wohnungsvermittler darf vom **Wohnungssuchenden** für die Vermittlung oder den Nachweis der Gelegenheit zum Abschluss von Mietverträgen über Wohnräume kein

Entgelt fordern, sich versprechen lassen oder annehmen, es sei denn, der Wohnungsvermittler holt ausschließlich wegen des Vermittlungsvertrags mit dem Wohnungssuchenden vom Vermieter oder von einem anderen Berechtigten den Auftrag ein, die Wohnung anzubieten."

Herr Wolters fällt nicht unter den Begriff des *„Wohnungssuchenden"*; er handelt eher wie ein Vermieter. Er kann daher gesetzeskonform der Maklerfirma Pfeuffer & Co. versprechen, bei erfolgreicher Vermittlung eines Nachmieters eine Provision an sie zu zahlen.

Nachdem der Maklerfirma die schriftliche Zusicherung von Herrn Wolters vorliegt, offeriert sie die zu vermietende Wohnung öffentlich. Sie zeigt den Interessenten die Wohnung; in Folge dessen kommt ein Mietvertrag zustande.

Die Firma Pfeuffer & Co. hat einen Provisionsanspruch gegenüber Herrn Wolters. Dieser ist glücklich, kommt er doch zwei Jahre früher aus dem Mietvertrag und erspart sich somit die doppelte Mietzahlung. Kleiner Nebeneffekt: Die Maklerfirma erfährt von weiteren Suchenden, denen sie gegen Honorar ihre Dienste bei der Suche nach einer Wohnung anbieten kann.

5.4 In 14 Schritten zum Erfolg

Die Vorbereitungsphase

1. Einleiten von Marketingmaßnahmen (Kontaktaufnahme mit früheren Auftraggebern, XING, Facebook, Zeitungsinserat, Kino usw.)

2. Erstellen des Suchformulars inklusive Widerrufsbelehrung und Aufforderung zum Tätigwerden

3. Einbinden des Suchformulars in die eigene Webseite (Hier bieten wir Ihnen wie zuvor beschrieben umfassende Unterstützung unseres Service-Providers beim Einsatz seiner Software-Programme an.)

4. Umleitung der eingehenden Suchaufträge auf eine eigens dafür vorgesehene E-Mail-Adresse (Auch hier gilt die Zusage gemäß Punkt 3.)

Bearbeitungsphase Suchauftrag

5. Interessent füllt das Suchformular auf der Webseite des Maklers aus

6. Beim Makler eingehender Suchauftrag wird von diesem gegenüber dem Suchenden bestätigt, dieser klickt einen Link an, womit Double-opt-in erreicht wird, Makler und Suchender erhalten eine Kopie.

Marktrecherche

7. Eigene Marktrecherche, oder ...

8. Im Falle der Beauftragung unseres Service-Providers werden diesem die Daten des Suchauftrages übermittelt (Nachweis der zeitlichen Abfolge Suchauftrag – ausschließliche Suche für den Suchenden). Dies kann bei einer Zusammenarbeit mit dem Service-Provider automatisiert erfolgen.

9. Service-Provider scannt nach den Vorgaben den Markt und übermittelt die Trefferliste an den Makler

10. Bearbeiten der Trefferliste und Selektion der geeigneten Objekte durch den Makler

Einholen der Vermieterzustimmung

11. Abgleich der Daten des Suchauftrages mit denen der Trefferliste

12. Kontaktaufnahme mit den Eigentümern der selektierten Wohnungen, Aufnahme der Vermietervorgaben (z.B. Tierhaltung), Einholung der Vermieterzustimmung (Musterunterlagen erhalten Sie im Falle des Einsatzes der Software-Programme)

Kontaktaufnahme mit dem Suchenden

13. Vorstellen der Wohnungen dem Suchenden gegenüber

14. Einholung einer schriftlichen Nachweisbestätigung beim Suchenden

Besichtigungs- und Vermietungsphase

Ab hier läuft hinsichtlich, Besichtigung, Bonitätsprüfung, Vorstellung beim Eigentümer, Abschluss des Mietvertrages, Wohnungsübergabe und Rechnungstellung an den neuen Mieter alles so ab, wie Sie es bisher gewohnt waren.

Zur Vereinfachung der Abwicklung empfiehlt sich der Einsatz einer Maklersoftware. Es können vorhandene genutzt werden oder, falls noch keine eingesetzt wird, kostengünstige auf dem Markt erhältliche. Falls Sie dazu Unterstützung benötigen, wenden Sie sich bitte an den Verlag: info@immobilienfachverlag.de.

5.5 Fachjuristen bestätigen: Der neue Lösungsweg ist rechtssicher!

Wie zuvor exemplarisch dargestellt ist die hier aufgezeigte Vorgehensweise einfach zu handhaben und praxistauglich, vor allem aber rechtssicher! Demgemäß führt der Mitautor dieses Buches, Herr Rechtsanwalt Dr. Ralf Stark (zugleich Fachanwalt für Miet-und Wohnungseigentumsrecht) am 11.04.2017 aus:

„Die hier aufgezeigten Lösungsmöglichkeiten sind auch unter Beachtung der gesetzlichen Vorgaben des sogenannten Bestellerprinzips gesetzeskonform, so lange gesi-

chert ist, dass der Auftrag zur Vermittlung der Immobilie einzig von dem Wohnungssuchenden ausgeht. Insbesondere stellen sie keine Umgehung des „unechten Bestellerprinzips" dar. Vielmehr geschieht genau das, was auch die Intention des Gesetzgebers war, nämlich, „dass Mieter auch heute noch die Möglichkeit haben, als Besteller im Sinne des WoVermittG aufzutreten und gegen Zahlung einer Provision einen Wohnungsvermittler mit der Suche einer für ihn geeigneten Wohnung zu beauftragen."

Herr Prof. Dr. Friedhelm Hufen, Professor für öffentliches Recht – Staats- und Verwaltungsrecht an der Universität Mainz hatte bereits im Jahr 2014 im Zuge einer Verfassungsbeschwerde gegen das Bestellerprinzip ein Rechtsgutachten erstellt. Ihn haben die Autoren gebeten, zu dem hier aufgezeigten Lösungsweg Stellung zu nehmen. Dazu schrieb er u.a. am 01.05.2017:

„Der Auftraggeber der folgenden Stellungnahme [Anm.: Helge Ziegler] hat ein Modell entwickelt, nach dem Wohnungsvermittler ohne Verstoß gegen § 2 Abs. 1a WohnVermRG und das dort geregelte Ausschließlichkeitsprinzip von Wohnungssuchenden weiterhin eine Provision verlangen können. Unter diesen Voraussetzungen entspricht die Vorgehensweise dem Bestellerprinzip und ist auch praktikabel. Geht ein Wohnungsvermittler strikt in dieser Weise vor, hat er auch nach der neuen Gesetzlage einen Provisionsanspruch gegenüber dem Wohnungssuchenden."

Elmar Stoll, Rechtsanwalt in der Kanzlei Rödl Stoll Schulte mit zahlreichen Partnern im In- und Ausland, begleitete 2015 anwaltschaftlich eine Verfassungsbeschwerde gegen die Einführung des Bestellerprinzips. Mit seinem Schreiben vom 02.05.2017 bestätigt er:

„Der von Ihnen aufgezeigte Lösungsweg stellt aus unserer Sicht – auch vor dem Hintergrund der seinerzeit durch uns anwaltlich begleiteten Verfassungsbeschwerde – eine gesetzeskonforme Verfahrensweise dar, einem Mietinteressenten die Möglichkeit zu geben, als Besteller einen Makler gegen Zahlung einer Provision mit der Suche nach einer wunschgemäßen Wohnung zu beauftragen."

Die vollständigen juristischen Stellungnahmen können Sie im Anhang in Kapitel 6 nachlesen.

Die Rechtsanwälte Dr. Ralf Stark und Elmar Stoll stehen mit ihrer Fachkenntnis und ihren Kanzleien Wohnungsmaklern für den Fall zur Verfügung, dass ihnen bei Anwendung dieses neuen Lösungsweges Provisionsansprüche streitig gemacht werden. Hier sind ihre Kontaktdaten:

Dr. Ralf Stark
Rechtsanwälte Dr. Stark & Kollegen
Breite Straße 147 – 151
50667 Köln
Telefon: (0221) 27 24 70
Telefax: (0221) 27 24 777
E-Mail: kanzlei@drstark.de
http://www.drstark.de

Elmar Stoll
Rödl Stoll Schulte Rechtsanwälte
Partnerschaftsgesellschaft mbB
Kehrwieder 8
20457 Hamburg
Tel.: (040) 35 75 39 99
Fax: (040) 35 75 39 93
elmar.stoll@roedl.com
www.roedl.com

5.6 Die Gesetzeskonformität wurde schon wiederholt gerichtlich bestätigt

Auch Gerichte hatten sich wiederholt mit Klagen von Mietern und deren Rechtsanwälten zu beschäftigen, weil diese meinten, das Provisionsbegehren des Maklers widerspräche dem *„unechten Bestellerprinzip"*. Sie bejahen die Rechtsauffassung der Makler, nachdem diese die hier empfohlene Vorgehensweise vortragen (und beweisen) konnte. Demgemäß wurden die Mieter antragsgemäß zur Zahlung der Provision verurteilt (vgl. AG Laufen, Az.: 2 C 232/16 und Az.: 1 C 676/16)

Die juristischen Stellungnahmen sowie eines der Gerichtsurteile können hier eingesehen werden: www.mieterprovision.info

5.7 Die Widerrufsbelehrung

Die meisten Maklerverträge kommen unter Zuhilfenahme von Fernkommunikationsmitteln zustande. In diesem Falle steht dem Verbraucher, und um einen solchen dürfte es sich in nahezu allen Fällen handeln, ein gesetzliches Widerrufsrecht von 12 Monaten plus 14 Tagen zu, das sich auf 14 Tage verkürzt, wenn er über das Widerrufsrecht informiert wurde. Wichtig ist: Die Widerrufsbelehrung muss nicht unterschrieben werden, der Makler muss „nur" beweisen können, dass er über das Widerrufsrecht belehrt hat. Wird jedoch vom Wohnungssuchenden ausdrücklich gewünscht, dass der Makler bereits vor Ablauf der Widerrufsfrist mit seiner Tätigkeit beginnt, kann der Makler bei einem späteren Widerruf die vereinbarte Provision verlangen.

An dieser Stelle sei darauf hingewiesen, dass es auch beim Mietvertrag ein Widerrufsrecht des Mieters geben kann. Nämlich dann, wenn der Mietvertrag unter Zuhilfenahme von Fernabsatzmittel zustande kommt und der Vermieter im Sinne des Fernabsatzgesetzes als gewerblich eingestuft wird. Dies könnte bereits dann der Fall sein, wenn der Vermieter mehr als fünf Wohnungen sein Eigen nennt. Ein qualifizierter Makler sollte darauf achten und ggf. den Interessenten über sein Widerrufsrecht den Mietvertrag betreffend informieren.

5.8 Exkurs: Bestellerprinzip beim Kauf

Immer wieder wird von Politikern, allen von Gregor Gysi und Heiko Maas, mal mehr, mal weniger intensiv die Einführung des *„unechten"* Bestellerprinzips auch für die Vermittlung von Immobilienkaufverträgen angesprochen.

Je nach Ausgang der Bundestagswahl am 24.09.2017 wird der Ruf leiser oder lauter verhallen. Am lautesten wird er wohl von den Parteien der beiden oben genannten Politiker zu vernehmen sein. Diesem Chor werden noch die Politiker der Bundesländer ihre Stimme geben, in denen es üblich ist, dass dem Käufer die volle *„Außen"*-Provision von 7,14 Prozent in Rechnung gestellt werden kann. Zu denken ist beispielsweise an die Bundesländer Hamburg, Hessen und Berlin, Länder also, in denen zum Teil die Parteien der beiden oben genannten Politiker an der Regierung beteiligt sind.

Das ist die weniger gute Nachricht. Doch die wirklich gute ist:

✓ Der hier für die Vermittlung von Wohnraummietverträgen vorgestellte Lösungsweg kann im Falle der Einführung des *„unechten"* Bestellerprinzips für Immobilienkaufverträge 1:1 angewendet werden!

6 Anhang

6.1 Die juristischen Bestätigungen

Prof. Dr. Friedhelm Hufen
o. Professor für Öffentliches Recht -
Staats- und Verwaltungsrecht
an der Universität Mainz
Mitglied des Verfassungsgerichtshofs
Rheinland – Pfalz a.D.

D-55128 Mainz
Backhaushohl 62
Tel.: (06131) 3 44 44
Fax: (06131) 36 14 49
hufen.friedhelm@t-online.de

Zur Reichweite des Bestellerprinzips in § 2 Abs. 1a des
Wohnungsvermittlungsgesetzes (WoVermittG)

Rechtliche Stellungnahme für
Herrn Helge Norbert Ziegler

I. Sachverhalt, Problemstellung

1. Die neue Gesetzeslage

Im *Gesetz zur Dämpfung des Mietanstiegs auf angespannten Wohnungsmärkten und zur Stärkung des Bestellerprinzips bei der Wohnungsvermittlung (Mietrechtsnovellierungsgesetz – MietNovG) vom 21.4.2015 (BGBl I, 610)* hat der Bundesgesetzgeber das sogenannte Bestellerprinzip eingeführt und bestimmt, dass ein Anspruch auf Entgelt für die Vermittlung oder den Nachweis der Gelegenheit zum Abschluss von Mietverträgen über Wohnräume dem Wohnungsvermittler nur zusteht, wenn infolge seiner Vermittlung oder infolge seines Nachweises ein Mietvertrag zustande gekommen ist. Der Vermittlungsvertrag bedarf der Textform. Außerdem bestimmt § 2 Abs. 1a des WohnVermG:

> „Der Wohnungsvermittler darf vom Wohnungssuchenden für die Vermittlung unter dem Nachweis der Gelegenheit zum Abschluss von Mietverträgen über Wohnräume kein Entgelt fordern, sich versprechen lassen oder annehmen, es sei denn, der Wohnungsvermittler holt **ausschließlich** wegen des Vermittlungsvertrags mit dem Wohnungssuchenden vom Vermieter oder von einem anderen Berechtigten den Auftrag ein, die Wohnung anzubieten (§ 6 Abs. 1).

Unverändert darf der Wohnungsvermittler nach § 6 I Abs. 1 WohnVermRG Wohnräume nur dann anbieten, wenn er dazu einen Auftrag von dem Vermieter oder einem anderen Berechtigten erhalten hat.

Anhang

2. Anwendungsprobleme

Probleme für den Wohnungsvermittler entstehen dann, wenn der Wohnungssuchende nicht bereits die erste, ausschließlich für ihn gesuchte und ebenso ausschließlich ihm angebotene Wohnung akzeptiert, sondern er entweder eine andere Wohnung aus dem Bestand des Wohnungsvermittlers nimmt oder sich für die für den ersten Wohnungssuchenden gesuchte Wohnung ein anderer Interessent findet. In beiden Fällen darf nach dem Gesetz der Wohnungsvermittler keine Provision beanspruchen.

3. Entscheidung des Bundesverfassungsgerichts

In seiner Entscheidung vom 29. Juni 2016 (NZM 2016, 685) hat das *BVerfG* die genannte Lösung selbst für den Fall für verfassungskonform gehalten, in dem eine strenge Auslegung des Begriffs „ausschließlich" gilt, eine einmal angebotene Wohnung also für den Wohnungsvermittler „verbrannt" ist.

4. Problemstellung

Der Auftraggeber der folgenden Stellungnahme hat ein Modell entwickelt, nach dem Wohnungsvermittler ohne Verstoß gegen § 2 Abs. 1a WohnVermRG und das dort geregelte Ausschließlichkeitsprinzip von Wohnungssuchenden weiterhin eine Provision verlangen können (die notwendige Textform und die Information und das Widerspruchsrecht vorausgesetzt). Die wesentlichen Elemente der vorgeschlagenen Lösung sind:

- Es wird zunächst nicht die Wohnung sondern der Wohnungssuchende „akquiriert" und vom Letzteren ein Suchauftrag in Textform erteilt.

- Erst danach wird exklusiv für diesen Interessenten gezielt nach geeigneten Wohnungen gesucht.

- Sodann erfolgt die Kontaktaufnahme mit dem Vermieter mit dem Angebot der Vermittlung ohne Kosten für ihn und dem schriftlichen Hinweis darauf, dass mit seiner Zustimmung die Wohnung ausschließlich an einen bestimmten Wohnungssuchenden vermittelt wird.

- Die Wohnung wird ausschließlich dem bereits ausgesuchten Mieter angeboten. Kommt der Vertragsabschluss zustande, so entspricht er unstreitig den Anforderungen des Gesetzes (Normalkonstellation).

- Kommt der Vertrag für eine oder mehrere Wohnungen nicht zustande, wird nach dem Modell davon ausgegangen, dass die Zustimmung des Vermieters zum ausschließlichen Angebot an den ersten Wohnungssuchenden erlöscht.

- Danach wird ein neuer Wohnungssuchender ermittelt und dieser Suchvorgang nach Zeitpunkt und Inhalt dokumentiert.

- Sodann wird nach dem Anforderungsprofil nach angebotenen Wohnungen gesucht und wie zuvor die Zustimmung des Vermieters zum ausschließlichen Angebot an den neuen Wohnungssuchenden eingeholt.

Befindet sich unter den neu angebotenen Wohnungen jetzt die bereits zuvor einem anderen Interessenten angebotene Wohnung, so stellt sich die Frage, ob in diesem Fall die Wohnung „verbrannt" ist, also der Vermittler noch „ausschließlich" für den neuen Wohnungssuchenden tätig geworden ist und entsprechend eine Provision verlangen darf. Im Kern geht es also um die Reichweite des Begriffs der „Ausschließlichkeit".

II. Prüfungsmaßstab

Für die verfassungsrechtliche Prüfung des Vorschlags ist es entscheidend, ob bei verfassungskonformer Auslegung eine strenge Sicht des Begriffs „ausschließlich" in § 2 Abs. 1a WohnVermRG für zwingend gehalten und in dem Sinne verstanden wird, dass eine bestimmte Wohnung nur einmal im Auftrag eines einzelnen Wohnungssuchenden vermittelt werden und auch nach einem neuen Suchvorgang nicht mehr angeboten werden darf, oder ob die Wohnung nach einem neuen Suchvorgang genannt und wieder angeboten werden darf.

In seinem Beschluss vom 29.6.2016 (Neue Mitrechtszeitschrift 2016, 685 = NJW-RR 2016, 1349) hat das *BVerfG* als maßgebliche Ziele des Gesetzgebers neben der allgemeinen Entlastung der Wohnungssuchenden in Ballungsgebieten hervorgehoben, dass der Vermittler nicht für einen einzelnen Suchvorgang mehrere Wohnungssuchende „bedienen" können sollte. Auch liege bei einer nicht ausschließlich auf den Auftraggeber bezogenen Vermittlung eine Umgehung des Bestellerprinzips dann vor, wenn diese zugleich oder sogar überwiegend dem Interesse des Vermieters gelte (BVerfG, aaO Rn. 82). In diesem Fall solle der Makler gezwungen sein, sogleich mit dem Vermieter einen Vertrag zu schließen, ohne den Wohnungssuchenden zu belasten.

Mit diesen Erwägungen hat das *BVerfG* auch eine „strenge Auslegung" des Ausschließlichkeitsgrundsatzes für verfassungskonform gehalten. Es hat damit aber nicht ausgedrückt, dass diese strenge Auslegung die **einzige** verfassungskonforme Interpretation sei. Die Abwägung zwischen Interessen der Vermittelnden und der Wohnungssuchenden wurde vielmehr ausdrücklich den Instanzgerichten übertragen.

Auch der Bundesrat hatte Bedenken im Hinblick auf die Ausschließlichkeitsregeln in der strengen Form geäußert (Br-DruckS RS4 447/14, 7f.) und in der Literatur (insbesondere *R. Fischer*, Das Bestellerprinzip im Wohnungsvermittlerrecht, NJW 2015, 1560) wurde eine verfassungskonforme Auslegung des Ausschließlichkeitsprinzips in dem Sinne verlangt, dass das „Verbrennen" durch Verbot einer Maklerprovision für den Zweitkunden nicht zwingend dem Gesetz entspreche.

Für die Beurteilung der hier vorgestellten Vorschläge entscheidend ist also lediglich, dass den gesetzgeberischen Zielen (Provision ohne besondere Suchleistung und Verhinderung des Umgehens des Bestellerprinzips durch faktische Begünstigung des Vermieters) Rechnung getragen wird.

III. Konkret: Beurteilung des Vorschlags Ziegler.

Der Vorschlag entspricht in der Normalkonstellation (Zustandekommen des Vertrags hinsichtlich einer bestimmten gesuchten Wohnung) den Zielen des Gesetzgebers. Insbesondere die Reihenfolge: Akquirierung des Wohnungssuchenden – Kontakt mit Vermieter unter Hinweis auf Ausschließlichkeit des Interessenten – Angebot und Vertragsabschluss mit Wohnungssuchenden, liegt exakt auf der Linie des Gesetzes.

Problematisch sind allein diejenigen Fälle, in denen der Wohnungssuchende mehrere Angebote erhält und sich nur für eines entscheidet und/oder wenn das für einen Wohnungssuchenden akquirierte Objekt einem neuen Wohnungssuchenden angeboten werden soll. In diesem Fall könnten die angebotenen, aber nicht angemieteten Wohnungen bei strengster Interpretation des Ausschließlichkeitsprinzips anderen Wohnungssuchenden nicht angeboten werden. Diese strenge Interpretation wäre allerdings nur dann geboten, wenn der Vermittler eine Provision ohne neue Suchtätigkeit für den neuen Wohnungssuchenden erlangen würde (was nach dem Vorschlag aber gerade nicht der Fall ist), oder wenn eigentlicher Begünstigter der Vermieter wäre, die Provision aber auf den Wohnungssuchenden abgewälzt und das Bestellerprinzip damit unterlaufen würde.

Für ein solches Ergebnis scheint auf den ersten Blick eine Entscheidung des *LG Stuttgart* vom 30.9.2015 (zitiert durch das *BVerfG* Rn. 77) zu sprechen, in dem einem Vermittler untersagt wurde, Wohnungen mit dem Zusatz „für Vermieter kostenfrei" zu akquirieren und nach einem Scheitern der Verhandlungen mit einem vorher vorhandenen Wohnungssuchenden, dem Vermieter einen kostenpflichtigen Vermittlungsantrag anzubieten. Dann habe diese Werbung eine doppelte Wirkung. Der Makler werde letztlich auch im Interesse des Vermieters tätig und es bestehe der Verdacht des unlauteren Wettbewerbs durch „Anlocken" des Vermieters mit der Kostenfreiheit. Darin sah das *LG Stuttgart* eine irreführende Werbung im Sinne von § 5 UWG.

Bei näherem Hinsehen zeigt sich aber, dass diese Konstellation durch das hier zu beurteilende Modell gerade nicht getroffen wird. Sie wird zumindest dann vermieden, wenn dem potentiellen Vermieter gegenüber von vornherein klargestellt wird, dass das Angebot sich auf einen einzelnen Interessenten bezieht und das Einverständnis des Vermieters auch nur für den diesen Fall gilt bzw. hinfällig wird, wenn der Vertrag nicht zustande kommt.

Die Konstellation des durch das *LG Stuttgart* entschiedenen Falles gilt also gerade nicht, wenn die Zustimmung erlischt, ein neuer Wohnungssuchender ermittelt und ihm die Wohnung mit einer neuen Zustimmung des Vermieters angeboten wird. Kommt dann der Mietvertrag mit dem neuen Mieter zustande, so erfolgte die Suche ausschließlich für diesen.

IV. Zusammenfassung

Zusammenfassend kann festgestellt werden, dass zumindest nach den Zielen des Gesetzgebers und der Entscheidung des *Bundesverfassungsgerichts*, das vorgeschlagene Modell rechtlichen Voraussetzungen entspricht, auch wenn niemals völlig ausgeschlossen werden kann, dass einzelne Gerichte im Streit über Maklerprovisionen oder im Wettbewerbs- bzw. Unlauterkeitsrecht anders urteilen.

Von zentraler Bedeutung ist jedenfalls folgende Vorgehensweise:

1. Der Vermittler folgt streng der Reihenfolge: Zunächst Akquirierung des Wohnungssuchenden, dann erst Ansprechen des Vermieters und Akquirierung der Wohnung.

2. Beweisbare Klarstellung dem Vermieter gegenüber, dass seine Zustimmung nur für einen einzelnen Wohnungssuchenden gilt und bei Ablehnung bzw. anderweitiger Auswahl erlischt.

3. Kein subsidiäres Angebot an den Vermieter, für diesen im Hinblick auf die akquirierte Wohnung tätig zu werden und sodann von ihm eine Provision zu verlangen.

4. Klare Trennung der Suchtätigkeit für einen neuen Wohnungssuchenden von den Erkenntnissen eines vorgelagerten ersten Falles. Bloße Kenntnis der Wohnung schadet nicht; wohl aber die Behandlung dieser Wohnung als „bereits vorhandener Bestand".

Unter diesen Voraussetzungen entspricht die Vorgehensweise dem Bestellerprinzip und ist auch praktikabel. Geht ein Wohnungsvermittler strikt in dieser Weise vor, hat er auch nach der neuen Gesetzlage einen Provisionsanspruch gegenüber dem Wohnungssuchenden.

Mainz, 01.05.2017   Prof. Dr. Friedhelm Hufen

RECHTSANWÄLTE DR. STARK & KOLLEGEN

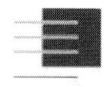

RAE DR. STARK & KOLLEGEN · Breite Straße 147-151 · 50667 Köln

Herrn
Helge Ziegler
Johann-Kern-Str. 12

97869 Esselbach

Ihr Zeichen	Unser Aktenzeichen	Datum
	2017/10001/10-st	11.04.2017

RECHTSANWÄLTE
IN BÜROGEMEINSCHAFT

Dr. Ralf Stark
Rechtsanwalt
Fachanwalt für Miet- und
Wohnungseigentumsrecht

Matthias Radu
Rechtsanwalt

Claudia Beckschäfer
Rechtsanwältin

Andrea Bauer
Rechtsanwältin

Percy Glaubitz
Rechtsanwalt
Fachanwalt für Steuerrecht

Michael Schiffer
Rechtsanwalt

Martin Stellmann
Rechtsanwalt

Jens Ophey
Rechtsanwalt

Christian Riechert
Rechtsanwalt

KEINE GEMEINSAME
MANDATSÜBERNAHME

Bestellerprinzip

Sehr geehrter Herr Ziegler,

ich nehme Bezug auf die Übersendung des 4. Kapitels „Die Mieterprovision trotz Bestellerprinzip".

Ich halte die hier aufgezeigten Lösungsmöglichkeiten auch unter Beachtung der gesetzlichen Vorgaben des sog. Bestellerprinzips für gesetzeskonform, so lange gesichert ist, dass der Auftrag zur Vermittlung der Immobilie **einzig** von dem Wohnungssuchenden ausgeht. Insbesondere stellen sie keine Umgehung des „unechten Bestellerprinzips" dar. Vielmehr geschieht genau das, was auch die Intention des Gesetzgeber war, nämlich, dass Mieter auch heute noch die Möglichkeit haben, als Besteller im Sinne des Wo-VermittG aufzutreten und gegen Zahlung einer Provision einen Wohnungsvermittler mit der Suche einer für ihn geeigneten Wohnung zu beauftragen.

Sollten Sie weitergehende Fragen haben stehe ich Ihnen gerne zur Verfügung und verbleibe für heute

mit freundlichen Grüßen

Dr. Stark
Rechtsanwalt

Kontakt

Breite Straße 147-151
50667 Köln
Telefon   0221-27 24 70
Telefax   0221-27 24 777
Email   kanzlei@drstark.de
Internet   www.drstark.de

Gerichtsfach
Landgericht Köln K 1834

Bankverbindung
Dr. Ralf Stark
Sparkasse KölnBonn
Kto. 721 39 52
BLZ   370 501 98
IBAN DE25 3705 0198 0007 2139 52
BIC   COLSDE33XXX
USt-IDNr. DE 184072384

IN KOOPERATION MIT

Sochiera & Nelles Steuerberatungsgesellschaft mbH, Köln

Rödl & Partner

Rödl Stoll Schulte RA PartGmbB · Kehrwieder 8 · 20457 Hamburg

Herrn
Helge Ziegler
Johann-Kern-Str. 12
97869 Esselbach

Rödl Stoll Schulte Rechtsanwälte
Partnerschaftsgesellschaft mbB

Kehrwieder 8
D-20457 Hamburg
Telefon: +49 (40) 35 75 39-99
Telefax: +49 (40) 35 75 39-93
E-Mail: info.stollschulte@roedl.com
Internet: www.roedl.com

Ansprechpartner:	Sekretariat:	Tel.-Durchwahl:	E-Mail:	Unser Zeichen
Elmar Stoll	Victoria Mierisch	040/357539-94	victoria.mierisch@roedl.com	00078-15/ST/mi

02.05.2017

Mieterprovision trotz Bestellerprinzip

Sehr geehrter Herr Ziegler,

ich danke für die Übersendung des fünften Kapitels „Die Mieterprovision trotz Bestellerprinzip – Vom Problem zur Lösung".

Der von Ihnen aufgezeigte Lösungsweg stellt aus unserer Sicht – auch vor dem Hintergrund der seinerzeit durch uns anwaltlich begleiteten Verfassungsbeschwerde – eine gesetzeskonforme Verfahrensweise dar, einem Mietinteressenten die Möglichkeit zu geben, als Besteller einen Makler gegen Zahlung einer Provision mit der Suche nach einer wunschgemäßen Wohnung zu beauftragen.

Wichtig erscheint uns dabei zu sein, dass nach erfolglosem Angebot einer Wohnung sichergestellt ist, dass diese umgehend an den Eigentümer wieder „zurückgegeben" wird und damit eine faktische Anhandgabe abgeschlossen ist.

Rödl & Partner ist vertreten

In Deutschland:
Ansbach, Bamberg, Bayreuth, Berlin, Chemnitz, Dresden, Eschborn, Fürth, Hamburg, Hannover, Hof, Jena, Köln, Kulmbach, Leipzig, Ludwigshafen, Mettlach, München, Münster, Nürnberg, Plauen, Regensburg, Selb, Stuttgart

International:
Brasilien, Bulgarien, Estland, Frankreich, Georgien, Großbritannien, Hongkong, Indien, Indonesien, Italien, Kasachstan, Kroatien, Lettland, Litauen, Malaysia, Mexiko, Moldawien, Österreich, Polen, Rumänien, Russische Föderation, Schweden, Schweiz, Serbien, Singapur, Slowakei, Slowenien, Spanien, Südafrika, Thailand, Tschechische Republik, Türkei, Ukraine, Ungarn, USA, Vereinigte Arabische Emirate, Vietnam, VR China, Weißrussland

Partner
Prof. Dr. Christian Rödl, LL.M., RA, StB
Elmar Stoll, Rechtsanwalt
Andreas Schulte, Rechtsanwalt
Dr. Thies Boelsen, Rechtsanwalt
Maik Wiesner, Rechtsanwalt

Sitz: Hamburg,
AG Hamburg, PR 898

Rödl & Partner

Sollten Sie in diesem Zusammenhang noch weitergehende Fragen haben, lassen Sie mich dies bitte wissen.

Mit freundlichen Grüßen

Elmar Stoll
Rechtsanwalt
Fachanwalt für Handels- und Gesellschaftrecht

6.2 Die Autoren

Helge Ziegler

Jahrgang 1953, Unternehmer in der Immobilienwirtschaft seit 1979, Dipl. Wirtschaftsjurist (FH), Dipl. Immobilienwirt (DIA), Immobilienfachwirt (IHK), Geschäftsführender Gesellschafter der Immobilia GmbH, seit 2010 Vorstandsmitglied des BVFI – Bundesverband für die Immobilienwirtschaft (www.bvfi.de), seit 2015 dessen Präsident, zuständig für interne wie externe Rechtsfragen, Fachvorträge und Schulungen, politische Interessenvertretung der Immobilienwirtschaft

www.helge-ziegler.de
info@helge-ziegler.de

Dr. Ralf Stark

Jahrgang 1963, Stabsoffizier d.R., Promotion 1994, seit 1996 als Rechtsanwalt mit eigener Kanzlei in Köln tätig, seit 2007 Fachanwalt für Miet- und Wohnungseigentumsrecht und 1. Vorsitzender der Kölner Immobilienbörse e.V., 2008 bis 2011 Aufsichtsratsvorsitzender der MAKNOS Maklergenossenschaft, seit 2012 Dozent für Wirtschaftsrecht an der Akademie für Steuern, Recht & Wirtschaft

www.drstark.de
kanzlei@drstark.de

6.3 Verwendete Literatur

- *„Der Spiegel"*, Ausgabe 17/1973, *„SPD fordert: Makler weg!"*

- *„Gesetz zur Dämpfung des Mietanstiegs auf angespannten Wohnungsmärkten und zur Stärkung des Bestellerprinzips bei der Wohnungsvermittlung (Mietrechtsnovellierungsgesetz – MietNovG)"* vom 21.04.2015, Bundesgesetzblatt Jahrgang 2015 Teil I Nr. 16, ausgegeben zu Bonn am 27.04.2015

- Fischer, Detlev: *„Maklerrecht anhand höchstrichterlicher Rechtsprechung"*, 3. Auflage, Frankfurt am Main, Deutscher Fachverlag, 2015

- Fischer, Detlev: *„Das Bestellerprinzip im Wohnungsvermittlungsrecht"*, NJW 22/2015, Seite 1560 ff

- Hamm, Christoph; Schwertner, Peter: *„Maklerrecht"*, 7. Auflage, München, C.H.Beck, 2016

- Ibold, Hans Christian: *„Maklerrecht"*, 3. neu bearbeitete Auflage, Berlin, Erich Schmidt Verlag, 2015

6.4 Die Maklerverbände

Ziel der Immobilienverbände ist es, öffentlich die Interessen ihrer Mitgliedsunternehmen und die der Immobilienwirtschaft zu vertreten, bei der Politik zu intervenieren und sich um die Fort- und Weiterbildung ihrer Mitglieder zu kümmern. Mit ihren Ethikrichtlinien geben sie einen Kodex vor, der sich am Handeln eines ehrenwerten Kaufmanns orientiert.

Von den geschätzt 30.000 in Deutschland hauptberuflich tätigen Immobilienmaklern sind etwa nur 20.000 in den Verbänden BVFI, IVD und RDM organisiert. Zählt man noch die zum Teil auch als Makler handelnden Hausverwaltungsunternehmen (ca. 18.000) und die auch mit Immobilien befassten Finanzdienstleister (ca. 200.000) dazu, dann ist die Immobilienwirtschaft noch recht schwach organisiert. Das ist insofern bedauerlich, als der aktive Auftritt der Verbände (nur) von den Beiträgen ihrer Mitglieder finanziert wird, die nicht organisierten Makler aber davon profitieren.

Folgende Verbände für Immobilienmakler (in alphabetischer Reihenfolge) sind in Deutschland etabliert:

BVFI – Bundesverband für die Immobilienwirtschaft

Der BVFI wurde im Jahr 2011 Aufgrund ihrer weitreichenden Vernetzungen und ihrer Präsenz in den Social Media Medien fand der Verband schnell viel positiven Zuspruch.

Heute zählt er über 12.000 Mitglieder. Regional repräsentieren Landesdirektoren den BVFI.

Mit seiner eigenen, auch Nichtmitgliedern offenstehenden Akademie bietet der Verband eine Reihe von Fort- und Weiterbildungsmaßnahmen an. So zum Beispiel die Ausbildungen zum *„Fachmakler der Immobilienwirtschaft BVFI®"*, zum *„Geprüften Immobilienbewerter für Wohnimmobilien BVFI®"* oder zum *„Zertifizierten Wohnungsmakler BVFI".*

Jährlich organisiert der Verband einen Online-Immobilientag, seit 2014 ist er Mitveranstalter der *„DIM – Deutsche Immobilienmesse"*, die in der Dortmunder Westfalenhalle stattfindet.

<u>Kontaktdaten:</u>
BVFI – Bundesverband für die Immobilienwirtschaft
The Squaire 12
60549 Frankfurt
Telefon: +49 (69) 24 74 84 80
Telefax: +49 (69) 24 74 84 899
E-Mail: info@bvfi.de
Internet: www.bvfi.de

IVD – Immobilienverband Deutschland, Bundesverband der Immobilienberater, Makler, Verwalter und Sachverständigen e.V.

Der IVD ist im Jahr 2004 aus dem Zusammenschluss der beiden Maklerverbände RDM – Ring Deutscher Makler (gegründet 1924) und VDM – Verband Deutscher Makler (gegründet 1963) entstanden. Er ist überregional aufgestellt und in jedem Bundesland mit eigenständigen Landesverbänden vertreten.

Der IVD zählt ca. 4.500 Mitgliedsunternehmen, die sowohl als Immobilienmakler als auch als Hausverwalter und Sachverständige tätig sind. Neben seinen umfangreichen Dienstleistungen erstellt der IVD Berichte über den Immobilienmarkt.

Kontaktdaten:
Immobilienverband IVD Bundesverband
Littenstraße 10
10179 Berlin
Telefon: 030 27 57 26-0
E-Mail: info@ivd.net
Internet: www.ivd.net

RDM – Ring Deutscher Makler

Der RDM wurde bereits im Jahr 1924 gegründet und ist damit der älteste Berufsverband für Immobilienmakler. Durch die Fusion von RDM und VDM (Verband Deutscher Makler) im Jahr 2004 hörte der RDM-Bundesverband nach den Vorschriften des Verschmelzungsgesetzes auf zu bestehen. Der RDM-Landesverband Berlin und Brandenburg mit seinen ca. 250 Mitgliedsunternehmen entschied sich jedoch gegen die Fusion und blieb als selbstständiger Verband bestehen. So verhielten sich dann auch die RDM-Landesverbände im Saarland, in Sachsen und Sachsen-

Anhalt sowie die Bezirksverbände in Bremerhaven, Düsseldorf, Essen, Münster und Südwestfalen. Sie alle wollten den eingeführten Namen RDM behalten. Alle genannten Verbände haben sich zu einer Arbeitsgemeinschaft zusammengeschlossen.

Kontaktdaten
des Landesverbandes Berlin und Brandenburg (hier können Sie auch die Adressen der anderen Bezirks- und Landesverbände in Erfahrung bringen):
Potsdamer Str. 143
10783 Berlin-Schöneberg
Telefon: 030 - 2 13 20 89
E-Mail: info@rdm-berlin-brandenburg.de
Internet: www.rdm-berlin-brandenburg.de

6.5 Das *„Gesetz zur Regelung der Wohnungsvermittlung (WoVermRG)"*

Hinweis: Der Gesetzestext wurde nur auszugsweise und soweit wiedergegeben, als dass er für den Inhalt des Buches von Belang ist.

§ 1

(1) Wohnungsvermittler im Sinne dieses Gesetzes ist, wer den Abschluß von Mietverträgen über Wohnräume vermittelt oder die Gelegenheit zum Abschluß von Mietverträgen über Wohnräume nachweist.

(2) Zu den Wohnräumen im Sinne dieses Gesetzes gehören auch solche Geschäftsräume, die wegen ihres räumlichen oder wirtschaftlichen Zusammenhangs mit Wohnräumen mit diesen zusammen vermietet werden.

(3) Die Vorschriften dieses Gesetzes gelten nicht für die Vermittlung oder den Nachweis der Gelegenheit zum Abschluß von Mietverträgen über Wohnräume im Fremdenverkehr.

§ 2

(1) Ein Anspruch auf Entgelt für die Vermittlung oder den Nachweis der Gelegenheit zum Abschluß von Mietverträgen über Wohnräume steht dem Wohnungsvermittler nur zu, wenn infolge seiner Vermittlung oder infolge seines Nachweises ein Mietvertrag zustande kommt. Der Vermittlungsvertrag bedarf der Textform.

(1a) Der Wohnungsvermittler darf vom Wohnungssuchenden für die Vermittlung oder den Nachweis der Gelegenheit zum Abschluss von Mietverträgen über Wohnräume kein Entgelt fordern, sich versprechen lassen oder annehmen, es sei denn, der Wohnungsvermittler holt ausschließlich wegen des Vermittlungsvertrags mit dem Wohnungssuchenden vom Vermieter oder von einem anderen Berechtigten den Auftrag ein, die Wohnung anzubieten (§ 6 Abs. 1).

(2) Ein Anspruch nach Absatz 1 Satz 1 steht dem Wohnungsvermittler nicht zu, wenn

durch den Mietvertrag ein Mietverhältnis über dieselben Wohnräume fortgesetzt, verlängert oder erneuert wird,

der Mietvertrag über Wohnräume abgeschlossen wird, deren Eigentümer, Verwalter, Mieter oder Vermieter der Wohnungsvermittler ist, oder

der Mietvertrag über Wohnräume abgeschlossen wird, deren Eigentümer, Verwalter oder Vermieter eine juristische Person ist, an der der Wohnungsvermittler rechtlich oder wirtschaftlich beteiligt ist. Das gleiche gilt, wenn eine natürliche oder juristische Person Eigentümer, Verwalter oder Vermieter von Wohnräumen ist und ihrerseits an einer juristischen Person, die sich als Wohnungsvermittler betätigt, rechtlich oder wirtschaftlich beteiligt ist.

(3) Ein Anspruch nach Absatz 1 Satz 1 steht dem Wohnungsvermittler gegenüber dem Wohnungssuchenden

nicht zu, wenn der Mietvertrag über öffentlich geförderte Wohnungen oder über sonstige preisgebundene Wohnungen abgeschlossen wird, die nach dem 20. Juni 1948 bezugsfertig geworden sind oder bezugsfertig werden. Satz 1 gilt auch für die Wohnungen, die nach den §§ 88d und 88e des Zweiten Wohnungsbaugesetzes, nach dem Wohnraumförderungsgesetz oder nach entsprechenden landesrechtlichen Vorschriften gefördert werden, solange das Belegungsrecht besteht. Das gleiche gilt für die Vermittlung einzelner Wohnräume der in den Sätzen 1 und 2 genannten Wohnungen.

(4) Vorschüsse dürfen nicht gefordert, vereinbart oder angenommen werden.

(5) Eine Vereinbarung ist unwirksam, wenn

sie von den Absätzen 1 bis 4 abweicht oder

durch sie der Wohnungssuchende verpflichtet wird, ein vom Vermieter oder einem Dritten geschuldetes Vermittlungsentgelt zu zahlen.

§ 3

(1) Das Entgelt nach § 2 Abs. 1 Satz 1 ist in einem Bruchteil oder Vielfachen der Monatsmiete anzugeben.

(2) Der Wohnungsvermittler darf vom Wohnungssuchenden für die Vermittlung oder den Nachweis der Gelegenheit zum Abschluß von Mietverträgen über Wohnräume kein Entgelt fordern, sich versprechen lassen oder an-

nehmen, das zwei Monatsmieten zuzüglich der gesetzlichen Umsatzsteuer übersteigt. Nebenkosten, über die gesondert abzurechnen ist, bleiben bei der Berechnung der Monatsmiete unberücksichtigt.

(3) Außer dem Entgelt nach § 2 Abs. 1 Satz 1 dürfen für Tätigkeiten, die mit der Vermittlung oder dem Nachweis der Gelegenheit zum Abschluß von Mietverträgen über Wohnräume zusammenhängen, sowie für etwaige Nebenleistungen keine Vergütungen irgendwelcher Art, insbesondere keine Einschreibgebühren, Schreibgebühren oder Auslagenerstattungen, vereinbart oder angenommen werden. Dies gilt nicht, soweit die nachgewiesenen Auslagen eine Monatsmiete übersteigen. Es kann jedoch vereinbart werden, daß bei Nichtzustandekommen eines Mietvertrages die in Erfüllung des Auftrages nachweisbar entstandenen Auslagen zu erstatten sind.

(4) Eine Vereinbarung, durch die der Auftraggeber sich im Zusammenhang mit dem Auftrag verpflichtet, Waren zu beziehen oder Dienst- oder Werkleistungen in Anspruch zu nehmen, ist unwirksam. Die Wirksamkeit des Vermittlungsvertrags bleibt unberührt. Satz 1 gilt nicht, wenn die Verpflichtung die Übernahme von Einrichtungs- oder Ausstattungsgegenständen des bisherigen Inhabers der Wohnräume zum Gegenstand hat.

§ 4

Der Wohnungsvermittler und der Auftraggeber können vereinbaren, daß bei Nichterfüllung von vertraglichen

Verpflichtungen eine Vertragsstrafe zu zahlen ist. Die Vertragsstrafe darf 10 Prozent des gemäß § 2 Abs. 1 Satz 1 vereinbarten Entgelts, höchstens jedoch 25 Euro nicht übersteigen.

§ 4a

(1) Eine Vereinbarung, die den Wohnungssuchenden oder für ihn einen Dritten verpflichtet, ein Entgelt dafür zu leisten, daß der bisherige Mieter die gemieteten Wohnräume räumt, ist unwirksam. Die Erstattung von Kosten, die dem bisherigen Mieter nachweislich für den Umzug entstehen, ist davon ausgenommen.

(2) Ein Vertrag, durch den der Wohnungssuchende sich im Zusammenhang mit dem Abschluß eines Mietvertrages über Wohnräume verpflichtet, von dem Vermieter oder dem bisherigen Mieter eine Einrichtung oder ein Inventarstück zu erwerben, ist im Zweifel unter der aufschiebenden Bedingung geschlossen, daß der Mietvertrag zustande kommt. Die Vereinbarung über das Entgelt ist unwirksam, soweit dieses in einem auffälligen Mißverhältnis zum Wert der Einrichtung oder des Inventarstücks steht.

§ 5

(1) Soweit an den Wohnungsvermittler ein ihm nach diesem Gesetz nicht zustehendes Entgelt, eine Vergütung anderer Art, eine Auslagenerstattung, ein Vorschuß oder eine Vertragsstrafe, die den in § 4 genannten Satz übersteigt, geleistet worden ist, kann die Leistung nach den allgemeinen Vorschriften des bürgerlichen Rechts zurück-

gefordert werden; die Vorschrift des § 817 Satz 2 des Bürgerlichen Gesetzbuchs ist nicht anzuwenden.

(2) Soweit Leistungen auf Grund von Vereinbarungen erbracht worden sind, die nach § 2 Abs. 5 Nummer 2 oder § 4a unwirksam oder nicht wirksam geworden sind, ist Absatz 1 entsprechend anzuwenden.

§ 6

(1) Der Wohnungsvermittler darf Wohnräume nur anbieten, wenn er dazu einen Auftrag von dem Vermieter oder einem anderen Berechtigten hat.

(2) Der Wohnungsvermittler darf öffentlich, insbesondere in Zeitungsanzeigen, auf Aushängetafeln und dergleichen, nur unter Angabe seines Namens und der Bezeichnung als Wohnungsvermittler Wohnräume anbieten oder suchen; bietet er Wohnräume an, so hat er auch den Mietpreis der Wohnräume anzugeben und darauf hinzuweisen, ob Nebenleistungen besonders zu vergüten sind.

§ 7

Die Vorschriften des § 3 Abs. 1 und des § 6 gelten nur, soweit der Wohnungsvermittler die in § 1 Abs. 1 bezeichnete Tätigkeit gewerbsmäßig ausübt.

§ 8

(1) Ordnungswidrig handelt, wer als Wohnungsvermittler vorsätzlich oder fahrlässig

1. entgegen § 2 Absatz 1a vom Wohnungssuchenden ein Entgelt fordert, sich versprechen lässt oder annimmt,

1a. entgegen § 3 Abs. 1 das Entgelt nicht in einem Bruchteil oder Vielfachen der Monatsmiete angibt,

2. entgegen § 3 Abs. 2 ein Entgelt fordert, sich versprechen läßt oder annimmt, das den dort genannten Betrag übersteigt,

3. entgegen § 6 Abs. 1 ohne Auftrag Wohnräume anbietet oder

4. entgegen § 6 Abs. 2 seinen Namen, die Bezeichnung als Wohnungsvermittler oder den Mietpreis nicht angibt oder auf Nebenkosten nicht hinweist.

(2) Die Ordnungswidrigkeit nach Absatz 1 Nummer 1 und 2 kann mit einer Geldbuße bis zu 25 000 Euro, die Ordnungswidrigkeit nach Absatz 1 Nummer 1a, 3 und 4 mit einer Geldbuße bis zu 2 500 Euro geahndet werden.

6.6 Vorstellung ausgewählter Bücher

Wir stellen Ihnen eine kleine Auswahl an Fachbüchern vor, die Sie über den ImmobilienFachVerlag beziehen können:

„Erfolgreich als Immobilienmakler"

Der Beruf des Immobilienmaklers wird immer anspruchsvoller. Makler müssen sich immer häufiger mit Fragen, wie z.B. der Provisionssicherung oder der Scheinselbständigkeit beschäftigen. Zudem verlangt auch der Kunde immer mehr dem Makler ab. Hinzu kommt der zuweilen gnadenlose Wettbewerb unter den Maklern. Dieses Buch vermittelt unabdingbare Basics. Ohne dieses Wissen sollte niemand Makler werden oder diesen Beruf ausüben. Die Gefahr, sich Regressansprüchen auszusetzen oder seinen wohlverdienten Provisionsanspruch zu verlieren wäre zu groß. Die Autoren sind einerseits Juristen, anderseits aber auch Praktiker. Denn täglich werden Sie mit den Sorgen und Nöten der Makler konfrontiert. Diesen reichen Erfahrungsschatz stellen sie dem Leser zur

Verfügung, unabhängig davon, ob er ein erfahrener Profi ist oder ein Existenzgründer.

Autoren
Helge Ziegler, Dipl. Wirtschaftsjurist (FH), Dipl. Immobilienwirt (DIA)

Dr. Ralf Stark, Rechtanwalt, Fachanwalt für Miet- und Wohnungseigentumsrecht

Dr. Malte Schwertmann, Rechtsanwalt, Vorsitzender der Feuerbach Akademie Ansbach

Haufe Verlag
Softcover, ca. 180 Seiten
24,95 € inkl. MwSt., versandkostenfrei

"Immobilien ohne Abmahnungen vermitteln – Die acht häufigsten Abmahnfallen für Immobilienmakler"

Immer wieder kommen besorgte, teilweise gar wütende Makler auf die Autoren zu und verstehen die Welt nicht mehr. Sie sehen sich durch Abmahnungen in ihrer eigentlichen Berufsausübung, der Makelei, gehindert. Zudem sind sie unsicher, wie mit den Abmahnungen umzugehen ist.

Verärgert sind die Abgemahnten auch, weil jemand mit der Methodik eines Spürhundes ihre Fehler aufdeckte und ihnen auf die Schliche gekommen ist. Muss das sein, fragen sich fast alle zurecht? Nein! Die meisten Abmahnungen müssen nicht sein, wenn Immobilienmakler doch wenigsten einige Regeln kennen und beachten würden. Denn oft sind es immer wieder dieselben Wettbewerbsverstöße, von denen die Autoren hören. Von denen, die sich häufen ist in diesem Buch die Rede.

"Erfolgsstrategien für Immobilienmakler"
Die wertvollsten Tipps für Akquise, Vermarktung und Abschluss

Dieser Ratgeber vermittelt Immobilienmaklern praktisches Fachwissen und konkretes Vertriebs-Know-how für die erfolgreiche Vermarktung von Immobilien. Von der Objekt- und Kundenakquise über Social-Media-, Telefon- und Empfehlungsmarketing bis hin zu Vertragsabschluss und Objektübergabe werden alle für das Tagesgeschäft relevanten Informationen auf den Punkt gebracht und konkret anwendbar beschrieben. Sie erfahren, wie Sie Ihr Netzwerk ausweiten, die passenden Immobilienprojekte für Ihre Kunden verkaufswirksam präsentieren und lesen zudem, welche rechtlichen Rahmenbedingungen bei Vermarktung und Vertragsabschluss zu beachten sind. Mit vielen konkreten Beispielen, wertvollen Tipps, hilfreichen Musterformularen und Checklisten.

Autor:
Oliver-D. Helfrich, Geprüfter Fachwirt für Finanzberatung (IHK)
Springer Verlag
Softcover, ca. 120 Seiten
24,99 € inkl. MwSt., versandkostenfrei

„Richtig vermieten – beruhigt schlafen"

Eine Wohnung zu vermieten war noch nie eine leichte Aufgabe. Vermieter stellen sich immer häufiger diese Fragen: *„Kann ich meine Wohnung auch selbst vermieten oder brauche ich doch einen Makler, oder - Wenn ich mich für einen Makler entscheide, wie finde ich dann einen wirklich guten?"*

Vermietern werden wertvolle Hilfen gegeben, wie man zum Beispiel einen passenden Mieter findet, die Wohnungsübergabe handhabt, wo man den richtigen Mietvertag erhält oder wie man die Bonität eines Interessenten prüft, um einen Mietausfall mit erheblichen finanziellen Folgen zu vermeiden, u.v.m.

Doch nicht nur Vermieter erhalten wertvolle Ratschläge zur Eigenvermietung. Die Lektüre ist auch jedem Makler zu empfehlen, der etwas auf sich hält und sich an den hohen Maßstäben seiner Kunden messen lassen möchte. Denn im sechsten Kapitel erhält der Vermieter Hilfestellungen, wie er einen guten Makler finden kann. Für viele Makler wird das darin Beschriebene Ansporn sein müssen, ihre bisherige Qualität zu überprüfen und ggf. an die neuen Anforderungen anzupassen. Im Ratgeber werden also alle wichtigen Prozesse einer Vermietung behandelt. Geeignete Formulare können per E-Mail beim Autor ohne Berechnung angefordert werden. So ist der Leser bestens auf die Praxis seiner Vermietung vorbereitet – ob mit oder ohne Makler – er kann gleich loslegen! Und nach der Vermietung *„beruhigt schlafen!"*

<u>Autor</u>
Helge Ziegler, Dipl. Wirtschaftsjurist (FH), Dipl. Immobilienwirt (DIA)
C.H.Beck Verlag
Softcover, ca. 140 Seiten
9,90 € inkl. MwSt., versandkostenfrei

„Geld verdienen als Immobilienmakler - Die ultimative Anleitung für den Einstieg in die Immobilienbranche"

Dieses Buch richtet sich an *„blutige"* Anfänger! Fundiertes Insiderwissen sowie sorgsam geführte Recherchen machen dieses Buch zu einer praxis- und realitätsbezogenen Anleitung. Es wurde für all jene geschrieben, die sich als Immobilienmakler selbstständig machen und Geld verdienen wollen. Fragen wie *„Welche Voraussetzungen muss ich für den Einstieg als selbstständiger Immobilienmakler/in mitbringen?"*, *„Was kann ich verdienen?"* *„Wie viel Geld benötige ich für den Einstieg?"*, *„Wie komme ich an Objekte?"*, *„Wo kommen meine Interessenten her?"*, *„Wo lauern Fallen?"* etc. werden vom Autor in diesem Ratgeber beantwortet. Ebenso nennt er wichtige Tipps, *„Tricks"* (natürliche legale), Internetlinks und Adressen. Unbezahlbar ist der Service des Autors: Er bietet den Lesern dieses Buches einen persönlichen, weiterführenden beratenden, kostenlosen Service, damit der Einstieg in den Beruf des Immobilienmaklers/der Immobilienmaklerin ein voller Erfolg wird!

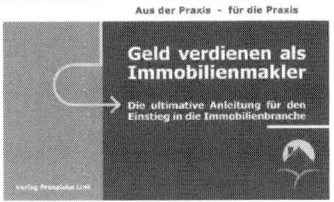

Autor
Ralf Benz, Immobilienmakler

New Sun Books
Softcover, ca. 120 Seiten
22,90 € inkl. MwSt., versandkostenfrei

Weitere Fachbücher finden Sie auf diese Seite:

IMMOBILIEN FachVerlag

www.immobilienfachverlag.de

EPILOG

Den Autoren hat es große Freude bereitet, ihr Wissen an die interessierten Leser weiter zu geben. Sie würden sich freuen, wenn das Buch seinen Zweck erfüllt und einen guten Zuspruch findet, insbesondere auch deshalb, weil die Autoren von jedem verkauften Buch einen Euro an das Projekt *„Die EinDollarBrille"* spenden.

Wie erginge es Ihnen, wenn Sie nicht gut sehen könnten?

Stellen Sie sich nur einmal vor, Sie könnten nur unscharf oder gar nichts sehen, Sie könnten keine Zeitung mehr lesen, nicht googeln oder keinen Film mehr schauen. Möglicherweise wäre ihre Sehkraft sogar so gering, dass Sie nicht einmal mehr Auto fahren könnten. Oder Sie könnten keiner Arbeit nachgehen. Sie wären, weil Sie nicht mehr gut sehen könnten, erheblich in Ihrem Tun eingeschränkt, in Ihrem Beruf und in Ihrer Freizeit! Wäre das nicht schlimm?

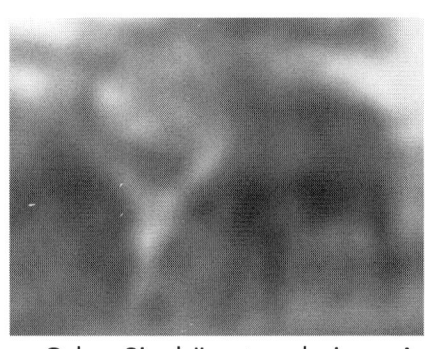

150 Millionen Menschen würden mit einer Brille um Vieles besser sehen!

Mehr als 150 Millionen Menschen auf der Welt geht es so. Sie bräuchten *nur* eine Brille, können sich aber keine leisten. Kinder können nicht lernen, obwohl Bildung das

A&O ist. Eltern können nicht arbeiten, obwohl sie gerne für ihre Familien sorgen würden. Die Folge sind Bildungsarmut und finanzielle Nöte. Menschen könnten in ihrer Heimat bleiben, anstatt in Länder des vermeintlichen Wohlstandes zu flüchten. Mit einer Brille würde sich Vieles zum Guten ändern!

Einen Lehrer aus Erlangen lässt das nicht mehr ruhen!

Martin Aufmuth, ein Mathematik- und Physiklehrer aus Erlangen, ließ dieser Gedanke nicht mehr los. Er fragte sich, wie es wäre, wenn für diese Menschen eine Brille zum Materialpreis von nur einem Dollar hergestellt und Ihnen zu einem erschwinglichen Preis gegeben werden könnte. Und dann begann er mit der Entwicklung der „EinDollarBrille". Ein Jahr später hatte er die zündende Idee!

Heute können Menschen in Brasilien, Nicaragua, Bolivien, Benin, Burkina Faso, Malawi, Äthiopien, Ruanda, Bangladesch und hoffentlich bald in noch vielen anderen Ländern mit einfachen Mitteln selbst diese EinDollarBrille herstellen. Das ist doch faszinierend, oder? Von der spannenden Entwicklungsgeschichte erfahren Sie mehr auf der Seite www.eindollarbrille.de

Schon 60.000 Menschen konnte geholfen werden!

Zwischenzeitlich können schon 60.000 Menschen mit einer EinDollarBrille besser sehen und sind, wie diese Bilder zeigen, glücklich. So leben zum Beispiel in Burkina Faso schon über 30 teilweise körperbehinderte Menschen von der Herstellung und dem Verkauf der EinDollarBrillen. Bis zu 1.000 Brillen verkaufen sie im Monat. Ist das nicht wunderbar?

Mit nur einem Dollar kann man die Welt verändern

Wer sehen kann, kann lernen, einen Beruf ausüben, sich und seine Familie ernähren, in seiner Heimat bleiben. Die EinDollarBrille hilft mittelbar auch uns, weniger Flüchtlinge aufnehmen zu müssen.

Uns Autoren ist es ein Anliegen, vielen Menschen dieses wunderbare Projekt nahe zu bringen und es zu unterstützen. Schon wenige EURO helfen. Mehr über die EinDollarBrille erfahren Sie auf der Webseite www.eindollarbrille.de.

Von jedem verkauften Buch überweisen die Autoren einen Euro an die *"EinDollarBrille"*!

Unterstützen auch Sie dieses Projekt, wir würden uns freuen!

Die Autoren

EPILOG

IMMOBILIEN FachVerlag

www.immobilienfachverlag.de